AF391018

DESCRIPTION BIBLIOGRAPHIQUE

ET ANALYSE

D'UN LIVRE UNIQUE.

Tiré à cent exemplaires numérotés.

N° 31

Cet ouvrage n'est pas destiné au commerce.

DESCRIPTION BIBLIOGRAPHIQUE

ET ANALYSE

D'UN LIVRE UNIQUE

QUI SE TROUVE AU MUSÉE BRITANNIQUE.

PAR

TRIDACE-NAFÉ-THÉOBROME,

GENTILHOMME BRETON.

AU MESCHACÉBÉ,

CHEZ EL ERIARBIL, YORK-STREET.

1849

LIMINAIRE.

Dans le *Journal du Bibliophile* de Techener, année 1845, page 187, il est fait mention d'un volume d'une excessive rareté, contenant 64 farces et moralités françaises, imprimées de 1542 à 1548, et de l'impression de la plupart desquelles les bibliographes n'ont pas même soupçonné l'existence jusqu'à ce jour.

Techener donne les titres de toutes ces pièces, mais d'une manière peu exacte.

Ce volume précieux, acheté par M. Asher, libraire à Berlin, pour la somme de soixante livres sterling, si nous sommes bien informé, a été vendu au Musée Britannique pour cent vingt livres, ou trois mille francs. Si l'on considère qu'il est probablement unique, et qu'il fournit de nouveaux éléments à l'étude de la langue et de la littérature française, au XVIe siècle, il faudra convenir qu'il a une valeur bien supérieure, et que le Musée ne doit sa bonne fortune qu'à l'ignorance où était le monde bibliographique, de l'existence de ces pièces, et à la juste appréciation de **M. Panizzi**.

Nous avons cru faire chose agréable aux amis de l'ancienne littérature française, en leur présentant non seulement des détails complets et exacts sur cette rareté, mais encore une analyse et de nombreux extraits de chacune des 64 farces et moralités qu'elle contient.

Toutes ne sont pas inconnues. Les 32e, 33e, 34e et 62e se rencontrent dans la collection publiée d'après les Manuscrits de la bibliothèque Lavallière, ainsi que le *Mystère du chevalier qui donne sa femme au diable.* D'autres sont insérées dans la collection dite de *Caron,* telle que la *Moralité du mauvais riche et du Ladre.* Mais il y a des différences dignes de remarque, et d'ailleurs nous avons voulu présenter un ensemble complet aux amateurs qui n'auront peut-être jamais l'occasion de parcourir un des livres les plus rares qui existent dans l'histoire de la littérature dramatique de France.

Ce volume, relié en parchemin, et à la couverture duquel est attaché une courroie de même matière, pour le tenir fermé, est de format *agenda.* Il a onze pouces anglais de hauteur, et trois pouces et demi de largeur. Le papier est grisâtre et d'assez mauvaise qualité. Plusieurs feuillets n'ont pas encore été découpés.

La bibliothèque du Musée Britannique possède la réimpression de deux moralités, du même format que celles que nous analysons, la première est la *Moralité des blasphémateurs de Dieu,* à dix-sept personnages, Paris, Silvestre, 1831, *fac-simile* tiré à 90 exemplaires, aux frais du prince d'Essling.

La deuxième est la *Moralité de la vendition de*

Joseph, Paris, Silvestre, 1835, *fac-simile* d'après le seul exemplaire connu, et que possède la bibliothèque royale de France. Il est également imprimé aux frais du prince d'Essling, et tiré seulement à 90 exemplaires.

Dans une note de la préface de la première de ces pièces, on dit que « jusqu'à ce jour on ne connaissait » que trois pièces imprimées avec les mêmes caractères » et du même format, savoir : 1° *la Moralité de la* » *vendition de Joseph ;* 2° *la Moralité de Mundus, Caro,* » *Demonia ;* 3° *la Farce des deux Savetiers.* Ces deux » dernières ont été réimprimées, en 1829, aux frais de » M. Durand de Lançon, membre de la Société des » Bibliophiles français. Dernièrement on a découvert » les fragments de deux autres pièces du même format » et d'un caractère semblable, dont voici les titres :

» 1° *Farce nouvelle des femmes qui apprennent à* » *escrire en grosses lettres, à cinq personnages, cestas-* » *savoir : deux femmes, le maistre et deux écoliers.*

» 2° *Farce nouvellement faicte, à quatre person-* » *nages, cestassavoir : Formage, Farine, Petit-Tour-* » *nois et Tartelette.* »

Dans les notes et remarques littéraires que renferme le volume publié par MM. Monmerqué et Francisque Michel, sous le titre de : *Théâtre français au moyen âge* (XIe-XIVe siècles), 1 vol. gr. in-8°, Paris, 1839, on trouve un catalogue presque complet des publications relatives à l'ancien théâtre de l'Europe, faites dans ce siècle-ci. De plus, dans le cours de ce travail, l'éditeur cite une foule considérable de titres de pièces ; mais nulle part il n'est fait la moindre allusion au Recueil du Musée de Londres.

Le même silence est gardé dans l'ouvrage de M. Charles

Magnin : *Les Origines du Théâtre moderne ou Histoire du génie dramatique, depuis le Ier jusqu'au XVIe siècle, etc.* In-8°, 1838.

On voit, d'après ce qui précède, que les savants bibliophiles qui, depuis quelques années, font des recherches sur ces sortes de pièces, n'avaient aucune connaissance de notre volume, ni de la plupart des pièces qu'il renferme.

Nous terminerons ces quelques mots d'introduction, par une observation sur le système que nous avons suivi dans nos extraits. L'orthographe des mots, qui varie d'une pièce à l'autre, a été scrupuleusement conservée ; mais nous avons cru pouvoir nous permettre, pour faciliter la lecture, d'ajouter la ponctuation et les accents, dans quelques endroits du texte.

Nᵒ 1.

Le Conseil du Nouveau Marié, à deux personnaiges : C'estassavoir le Mary et le Docteur ([1]).

Un mari voulant savoir comment il doit se conduire avec sa nouvelle épouse, va consulter un docteur. Celui-ci expose, d'une manière assez peü spirituelle, quelques-uns des inconvénients du mariage, et le dialogue finit par cette conclusion que tire le mari, des paroles du docteur :

Je vois bien qu'il me fault souffrir
Et mon corps à tourment offrir,
Puis que suis en mariage,,
Dieu me doint estre fort et sage
Pour supporter tous les tourmens.
Prenez en gré, très bonnes gens
Se nous avons parlé folye.
Adieu, toute la compaignie.

Cy fine le conseil du Nouveau Marié. Imprimé nouvellement en la maison de feu Barnabé Chaussard, près de Nostre Dame de Confort. Mil cinq cens XLVII.

([1]) Gravure sur bois, au bas du titre. Quatre feuillets. Quarante-cinq lignes à la page.

Nᵒ 2.

Farce nouvelle, très bonne et fort joyeuse du Nouveau Marié qui
ne peult fournir à lappoinctement de sa femme, à quatre personnaiges : Cestassavoir le Nouveau Marié, la Femme, la Mère et
le Père (¹).

La fille se plaint à sa mère des mauvais procédés de son
mari, qui ne l'a pas touché, quoiqu'elle ait fait, mais inutile-
ment, tout ce qui est possible, pour tâcher d'exciter son
affection. La mère accable son beau-fils de reproches :

. . . .
Tu n'as point de freros.
Regardez quel seigneur voicy ;
Quel avortisson, quel coquart.
Il faisoit tant du Loricquart
Du temps qu'il estoit fiancé,
De la corne il avoit assez,
La plupart du temps il dansoit,
Il vouloit lever le corset
Incessamment pour tout parfaire,
Tout a force lui vouloit faire.
Et maintenant qu'il le peult bien,
Ce trahistre cy ne lui fait rien.
Par dieu, elle en départira.

LE PÈRE.

Thomasse, il advisera.
Cest assez dit pour ceste foys.

(¹) Trois feuillets de texte et un quatrième contenant six gravures sur bois,
sans rapport avec le texte, trois au recto et trois au verso. Sans date, nom de
lieu ni d'imprimeur. Cinquante-six lignes par page.

LA MÈRE.

Cest trop atendu dun moys ;
Par le puissance Charlemaigne,
Si tu estois une sepmaine,
Voire trois jours sans me le faire,
Jaurois le cueur de te deffaire,
Sil ny avoit excusation.

LE PÈRE.

Il fault souper ; cest une leçon,
Taisés vous, il se changera.

LA MÈRE.

Il ne bevra, ne mengera
Aujourdhuy a ceste maison.

LE MARIÉ.

Vous aurez en briefve saison,
Autres nouvelles sur ma foy,
Quelle sen reviengne avec moy,
Car javois autre empeschement.

LA MÈRE.

Fauldrés vous point ?

LE MARIÉ.

    Nenny vrayment.

LA MÈRE.

Or bien, tu ten retourneras,
Second ce que tu trouveras
Tu men viendras tost advertir ;
Car je ten ferois departir
Sil ne vouloit faire autre vie.
Dieu gard de mal la compagnie.

FIN.

N° 3.

Farce très bonne et fort joyeuse de l'obstination des femmes, à deux
personnaiges : Cestassavoir le Mary et la Femme (¹).

———

Le sujet de ce dialogue est une querelle entre Rifflart et sa
femme, à l'occasion d'une cage d'oiseau, dans laquelle l'un
veut mettre une pie, et l'autre un coucou. Le mari finit par
céder. —

« Cy fine la farce de l'obstination des femmes. Imprimé
.« nouvellement en la maison de feu Barnabé Chaussard, près
« Nostre-Dame de Confort. »

(¹) Quatre feuillets. Une gravure sur bois, au titre. Quarante-six lignes
par page.

Nᵒ 4.

Farce nouvelle très bonne et fort joyeuse du Cuvier, à troys personnaiges : Cestassavoir Jaquinot, sa Femme et la Mère de sa femme (¹).

———

Une belle-mère et sa fille, abusant de la bonhommie du mari, lui font signer un écrit, où il s'oblige à faire toute la besogne de la maison. La belle-mère partie, les époux commencent par la lessive. Le mari tord le linge, et pendant l'opération, la femme tombe dans la cuve, crie au secours, mais le mari répond que cela n'est pas écrit dans son acte. Après bien des prières, il ne consent à la tirer de l'eau, qu'après qu'elle a promis de ne jamais exiger l'exécution de l'acte, et de le laisser maître de la maison.

La pièce se termine par ces mots : « Cy fine la farce du « Cuvier, imprimée nouvellement. »

(¹) Six feuillets. Gravure sur bois, au bas du titre. Quarante-six lignes par page.

Nº 5.

**Farce nouvelle très bonne et fort joyeuse, à troys personnaiges :
Cestassavoir Jolyet, la Femme et le Père (¹).**

Une femme a un enfant le premier mois du mariage. Le
mari très-mécontent va se plaindre au père de son épouse.
qui lui fait croire que c'est toujours ainsi la première fois,
mais qu'il lui garantit que dorénavant cela n'arrivera plus que
tous les dix mois, sinon qu'il se chargera lui-même de les
nourrir et de les élever.

Cet accord mis par écrit, satisfait le nouveau marié.

Jolyet ouvre la scène en chantant :

. . . .
<blockquote>
Par nostre Dame il ny a tel ;
Car ainsi que je puis congnoistre,
La plus belle office cest maistre
De la maison, quoy qu'on en die.
</blockquote>

LA FEMME.

Et puis, Jolyet.

JOLYET.

Ay mamye.
Et comment vous est-il, ma rose ?

LA FEMME.

Vous ne vous en souciez mye,
Be, allez, allez.

(¹) Quatre feuillets, sans date, nom de lieu ni d'imprimeur. Quarante-sept
lignes par page.

JOLYET.

Ay mamye,
Il y a plus d'heure et demye
Qu'en vous attendant me repose.

LA FEMME.

Est bonne estraine.

JOLYET.

Au moins ne peult on que baiser,
L'une foys l'autre choser.
Vous savez bien la besongnette ;
Ça, de par Dieu, ça, la bouchette,
Mon petit tatin, ma doulcette,
Mon minoys, mon fatrin fatras ;
Une autrefois a la couchette
Nous jouerons entre deux draps.

LA FEMME.

. . . .

Je suis enseincte de nouveau.

JOLYET.

Dieu met en mal an, qui en ment.

LA FEMME.

Je suis enseincte, voyrement.

JOLYET.

Enseincte ! Amand l'apostre !
Voicy bon commencement.
Mais au moins nest pas l'enfant nostre.
. . . .

LA FEMME.

Incontinent quon se mariè,
Ce sont toujours les premiers jours.

JOLYET.

Quoy ! il ny a que quinze jours.
Cest bien tost un enfant rendu.

. . . .

JOLYET.

Ay mamye,
Et comment vous est-il, ma rose ?
Et que je manye vostre chose ;
Est-il pas encore en sa place ?

LA FEMME.

Allez, que vous estes lasche,
Tant vous avez grant voulenté,
Mais esse tout, Dieu vous benie,
Vous ne parlez que de bagaige.

JOLYET.

. . . .
M'aymés vous pas bien, mon connin ?

LA FEMME.

Aymer, par menimes , nenny ;
Puisque vous parlez ainsi,
Vous n'estes pas mon amyot.

JOLYET.

. . . .
Ça, de par Dieu, ça, la bouchette.

LA FEMME.
Laissez cela.

JOLYET.

Tant refuser !

Nº 6.

Farce nouvelle à cinq personnaiges, des femmes qui font refondre leurs maris : Cestassavoir Thibault, Collart, Jennette, Pernette et le Fondeur (¹).

———

Thibault voyant sa femme soucieuse et mécontente , l'interroge pour savoir ce qui en est la cause. A toutes ses questions, elle répond constamment :

Il ne tient pas là.

THIBAULT.

A quoy tient-il doncques, mamye,
Je vous requiers que je le saiche;
Je suis ung peu pesant et lasche
Pour faire lamoureulx desduict,
Je ne scay si cela vous nuict,
Voulez-vous pas habille estre
Pour tel cas.

JENNETTE.

Il se pourroit bien estre.

THIBAULT.

Et pourquoy.

JENNETTE.

Nature le donne.

THIBAULT.

Ha, mamye, qui ne peult, ne peult;

(¹) Dix feuillets, avec une petite gravure sur bois, à la fin. Sans date, nom de lieu, ni d'imprimeur. Quarante-six lignes à la page.

2

Vous debvez prendre pacience.
Celluy mestier nest pas science
Pour recouvrer de bien en mieulx,
Car quant lhomme devient plus vieulx
Il devient plus lasche à ouvrer.
Il nest si vaillant laboureur
Qui ne sennuy de labourer.

. . . .

De son côté, Collart trouve que sa femme Pernette est toujours hors de la maison. Il lui en fait des reproches, et elle répond qu'elle est malheureuse, et que :

Il y a un point
Qui me fait mourir de destresse.

COLLART.

Et quoy, ma très belle maitresse?

A toutes ces interrogations Pernette répond : Nenny non.

COLLART.

Dea, si vous avez sur le cueur
Melencolye ou rancune,
Dictes le moi, je y purvoyray

PERNETTE.

Certes non feray.

COLLART.

Non ferez !
Ce sont donc merveilleux labours
Esse point doncques du jeu damours
Ou que faictes journées petites ?

PERNETTE.

Vous le dictes.
Ce nest pas moi qui vous accuse.

COLLART.

Qui faict ce qu'il peult il est excusé
Car il convient qu'on se repose,
Quant on ne peult plus faire aultre chose.
Prenez le temps paciemment,
Ainsi qu'il vient.

Les deux femmes se communiquent leur position, et conviennent de faire refondre leurs maris par un fondeur, qui
passe pour savoir rendre la jeunesse aux vieillards. Les maris
consentent à subir l'opération. L'ouvrier se met à l'œuvre,
et rend une telle verdeur aux maris, que ceux-ci font le
diable à quatre dans la maison, et finissent par battre leurs
femmes. Pernette et Jennette se repentent alors, mais trop
tard, de n'avoir pas su se contenter de leur sort.

N° 7.

La farce nouvelle et fort joyeuse du pect. A quatre personnaiges : Cestassavoir Hubert, la Femme, le Juge et le Procureur (¹).

Le sujet, sale et insipide, ne peut s'analyser. Nous ne donnerons que quelques vers de la décision du juge, ce qui sera plus que suffisant pour tout le monde.

LE JUGE.

Des biens que Dieu vous a espars
Chacun en doibt avoir sa part,
Ne faict pas ?

HUBERT.

Il est vérité.

LE JUGE.

. . . .

Jordonne que tous mariéz
Qui doresnavant pectz feront,
Tous ensemble les beuront,
Et partiront esgalement,
A portion du sentement,
Se lung en destourne la face,
L'autre luy dira : prou vous face !
Faictes tost la sentence escripre.

(¹) Quatre feuillets. Sans date, nom de lieu, ni d'imprimeur. Cinquante-huit lignes par page.

Nᵒ 8.

Farce nouvelle, très bonne et fort joyeuse des femmes qui demandent les arrérages de leurs maris, et les font obliger par n i s i. A cinq personnaiges : C'estassavoir le Mari, la Dame, la Chambrière, le Serjent et le Voysin (¹).

La dame se plaint à la chambrière de la nullité de son mari, et celli-ci l'engage à plaider en séparation.

LA CHAMBRIÈRE.

Par ma foy, jay servy un maistre
Qui faisoit toujours sans cesse
Puis à moy, puis à ma maistresse
Baiser, accoller à desir.

LA DAME.

Helas ! cestoit un grand plaisir,

LA CHAMBRIÈRE.

Quant il venoit de premier assault,
Il me faisoit monter en hault
Et puis sesbatoit a loysir.

LA DAME.

Helas ! cestoit un beau plaisir.

La femme remet sa cause entre les mains d'un sergent qui va ajourner le mari à comparaître devant le juge. Un voisin, dans l'intervalle, cherche à raccommoder les époux et y parvient.

(¹) Quatre feuillets. Sans date, nom de lieu, ni d'imprimeur.

Nᵒ 9.

Farce nouvelle d'ung mary jaloux qui veult éprouver sa femme. A
quatre personnaiges : Cestassavoir Colinet, la Tante, le Mary
et sa Femme (¹)

———

Un mari jaloux se déguise en prêtre pour entrer chez sa
femme le soir, et se convaincre qu'elle ne lui est pas infidèle.
Il est battu par celui même qu'il a chargé de veiller à ce que
personne ne s'introduise durant son absence.

LE MARY.

De vous grandement je doubtois,
Mais je vous en requiers pardon;
Faictes tout a vostre bandon,
Comme il vous plaira desormais,
Car je ne vous diray jamais,
Que sur vous il y ait deffault.

COLINET.

Cest dict Michault.
Nous concluons tant bas que hault,
Que cest trop grande fantaisie
De s'arrester en jalousie,
Comment on peult appercevoir ;
Et ainsi vous debvez scavoir,
Si femme est a mal abandonnée,
Ja n'en laissera sa destinée,
Et luy deust la mort advenir.
Adieu jusques au revenir.

FINIS.

(¹) Quatre feuillets. Sans date, nom de lieu, ni d'imprimeur. Cinquante-
neuf lignes par page.

Nº 10.

Farce moralisée à quatre personnaiges : Cestassavoir deux hommes et leurs deux femmes, dont lune a molle teste, et lautre est tendre du cul (¹).

C'est simplement un dialogue entre deux couples mariés, qui fait voir que l'un a une femme sage, mais tracassière et grondeuse, l'autre une femme peu sévère, mais gaie et contente. Voici la conclusion :

> Il vauldroit mieulx femme de bonne chere
> Presupposé quelle preste son derrière
> Secrettement, que femme a malle teste,
> Ce néantmoins quelle soit sage et honneste.
> Pour vivre en paix, laultre est plus singulière.

Cy fine la farce des deux marys et de leurs deux femmes. Imprimé à Lyon, à la maison de feu Barnabe Chaussard, près Nostre-Dame de Confort.

(¹) Dix feuillets. Sans date. Quarante-sept lignes par page.

N° 11.

Farce nouvelle et fort joyeuse à quatre personnaiges : Cestassavoir, le Mary, la Femme, le Badin qui se loue et Lamoureux (¹).

Une femme se plaint qu'elle a trop à faire dans la maison, et qu'il lui faut chambrière ou valet. Le mari loue un valet qui voyant sa maîtresse recevoir un amant et le baiser, menace de le dire à son maître. La femme lui promet un présent s'il ne dit rien de ce qu'il a vu, et elle lui ordonne d'aller acheter des pâtés. Le domestique qu'on a hâte de voir sortir, fait une foule de sottes questions, avant de s'en aller, au point que le tems passe, et que le galant est obligé de s'échapper, de peur d'être surpris. Le sot valet lui retient son bonnet, dont il veut faire son profit, pour prix de sa discrétion.

Le mari, à son retour, reconnait le bonnet, et demande au valet de qui il le tient. Celui-ci avoue tout, et le mari bat sa femme.

LE MARI.

Ho, ho ! quel bonnet est-ce la ?
C'est le bonnet au grand galland.

LE BADIN.

C'est mon, cest mon, cest un alland.
Il a luyté a ma maistresse,
Mais de la première luyte adresse
Il la vous a couché en bas.

(¹) Quatre feuillets. Sans date, nom de lieu ni d'imprimeur. Cinquante-huit lignes par page.

LA FEMME.

Mon mary, ne le croyez pas.

LE MARY.

Je veuil estre informé du cas ;
Que demandoit-il, dis le moy.

LE BADIN.

Il vouloit faire, comme je croy
Un hault de chasse a ma maistresse,
Car il regardoit que sa brayette
Estoit assez haulte pour elle.

. . . .

Nº 12.

𝕱arce nouvelle très bonne et fort joyeuse de Pernet qui va au vin, à troys personnaiges : Cestassavoir Pernet, sa Femme et Camoureux (¹).

Une femme reçoit son amant qu'elle fait passer pour un noble cousin de son mari. Celui-ci voit cette connaissance avec dépit, mais comme il est entièrement gouverné par sa femme, il se soumet. Un jour le prétendu cousin vient en visite, et pour faire fête, il donne de l'argent au mari, afin qu'il aille chercher du vin. Le mari, sur les instances réitérées de sa femme, part quoiqu'à regret ; mais sous prétexte d'avoir oublié tantôt le pot, tantôt autre chose, il revient à plusieurs reprises, ce qui empêche les amants d'accomplir leur projet.

PERNET.

Faictes bouter la nappe
Je reviendray tantost du vin.
(Il sort.)

LE COUSIN.

Que je manye ce tetin.
Et pensons de faire nostre entreprinse,
Maulgré Pernet qui faict du fin.

PERNET, revenant.

Est-ce a Pillon, ou au Coffin,
Au Sabot, ou la Lanterne,

(¹) Six feuillets. Gravure sur bois au titre. Quarante-six lignes par page.

Jay mis en oubli la taverne.
Non ay, non ay, il m'en souvient.
     (*Il sort de nouveau.*)

LE COUSIN.

Baisez-moy, mamye au cueur gent,
Amour me tient en ses lactz.

. . . .
. . . .
. . . .

Cy fine la farce de Pernet qui va au vin. Imprimé nouvellement. MDXLVIII.

Nº 13.

Farce nouvelle, très bonne et fort joyeuse d'un amoureux. A quatre personnaiges : Cestassavoir l'Homme, la Femme, Camoureux et le Médecin (¹).

L'HOMME.

Ma femme !

LA FEMME.

Que vous plaist, Roger.

L'HOMME.

A Dinant m'en veux, sans targer,
Aller achepter un chaulderon,
Ma femme !

LA FEMME.

Sa, me voicy, mon baron,
Que vous plaist-il que je face ?

L'HOMME.

Que tu me baille ma besasse,
Et de paour davoir fain aux dens
Boute un morceau de pain dedans,
Et un morceau de chair salée.
. . . .

Aussitôt le mari parti, l'amant arrive :

. . . .

(¹) Gravure sur bois, au titre. Quatre feuillets, et, au verso du quatrième, trois gravures sur bois, qui n'ont nul rapport au sujet. Sans date, nom de lieu, ni d'imprimeur. Cinquante-cinq lignes par page.

LA FEMME.

Il fault faire le bancquet, mon amy,
Avant que on se couche.

LAMOUREUX.

Nous le ferons tantost, ma doulce ;
Hatons nous tost daller coucher,
J'ay grand desir a vous approcher,
Entre deux draps, mon joly con !
Ceste bouteille de vin bon
Nous bouterons par grand delit
Icy auprès de nostre lict.
Affin se aucun de nous sesveille
Nous puist prendre ceste bouteille
Et en taster un sapion.

LA FEMME.

Vous estes un vaillant champion,
Et bien entendu en cest affaire.

LAMOUREUX.

Sa, Alison, quest il de faire?

LA FEMME.

Et que scay-je, despouillons nous.

LAMOUREUX.

Avant, tire là.

LA FEMME.

Estes vous point prest, mon amy ?

LAMOUREUX.

Je nay mais que cest esguillette,
Couchez vous toujours, ma fillette,
Incontinent vous suiveray.

Sur ces entrefaites le mari s'aperçoit qu'il a oublié sa bourse, et il revient à la maison, la chercher. En l'entendant frapper, l'amoureux s'écrie :

> Las ! ou me bouteray je, Alison,
> Il me tuera comme un oyson ;
> Sil me trouve je suis destruit.

LA FEMME.

> Boutez vous soubz nos lict,
> Cachez vous soubz nos couverture (¹).

La femme après avoir ouvert à son mari, se plaint d'être extrèmement malade, et le prie d'aller quérir le médecin, ce qu'il fait. Il porte au médecin de l'eau de sa femme, afin qu'il puisse juger de son mal, et quoique cette eau ait été changée en route par le mari, le médecin déclare qu'elle provient d'une femme qui a cent fois trompé son mari. Celui-ci retourne chez lui, convaincu qu'il est cocu, mais il se console en disant :

> Pourtant cest un bien que nul ne scet
> Se le medecin et ma femme,
> Et celui qui ma copaud.

(¹) Il y a une situation toute semblable, mais plus développée, dans la farce intitulée : *Le Retraict,* au 3ᵉ volume du recueil de Leroux de Lincy et Francisque Michel.

Nº 14.

Colin qui loue et despite Dieu en un moment, à cause de sa femme. A trois personnaiges : Cestassavoir Colin, sa Femme et l'Amant (¹).

Colin se plaint de son malheureux sort qui le force à travailler sans relache, quoiqu'il ne puisse, malgré cela, éviter l'exécution des gens de loi. Sa femme lui demande de l'argent pour s'acheter un chaperon, et de quoi diner. Le mari répond qu'il n'en a point, qu'elle doit aller vendre quelques effets, et la dessus, il la quitte. La femme va s'asseoir sur un banc et pleure. Un amant s'approche d'elle, et la console, en lui promettant or et argent, si elle veut l'aimer. Elle résiste d'abord, mais finit par lui donner un rendez-vous.

> Mon bon seigneur, comment quil aille,
> Je vous pry que me venez veoir
> En ma chambre et quoiqu'on raille,
> Envers vous feray mon devoir.

L'AMANT.

> Mamy, de tout mon avoir
> Vous serviray, je vous affy,
> Et quant vous vouldrez rien avoir,
> Venez a moy, nayez soucy.

Il l'embrasse et lui donne de l'argent. Le mari revient chez lui (à ce qu'il parait, après une assez longue absence) et y

(¹) Huit feuillets. Sans date, nom de lieu, ni d'imprimeur. Quarante-sept lignes à la page.

trouve sa femme ayant meubles, garde-manger garni, vin, etc.
A chaque fois qu'il lui demande d'où vient cela, elle répond :
de la grâce de Dieu.

Enfin un petit enfant accourt :

COLIN.

A qui est cest enfant.

LA FEMME.

Il est a moy.

COLIN.

Vray fils charnel.
Après la brebis vient laignel
Mais de qui lavez vous conceu ?

LA FEMME.

Colin, de la grace de Dieu.

COLIN.

Je ne lui en scay ne gré, ne grace
De sestre de tant avancé.

Après quelques autres explications, la pièce finit par
l'adresse suivante de la femme et de Colin aux spectateurs :

LA FEMME.

Helas ! se suis povre garce
Cest a cause de ma partie,
Car jeusse plus cher qu'on meust arse
Que de mener meschante vie.
Pour ce, Messeigneurs, je vous prie
Que vos femmes nabandonnez
Et se nous avons dit follie
Sil vous plaist que nous pardonnez.

COLIN.

Bonnes dames, entretenez
Vos maris par bonne manière,
Et trop fort ne les ransonnez
Pour faire trop de la gorrière.
Telle cuide estre la première
Quest la dernière de la dance.
Pardonnez nous a peu prière
Se nous vous avons faict offence.

CY FINE COLIN.

Nº 15.

Farce nouvelle très bonne et fort joyeuse, à quatre personnaiges : Cestassavoir le Gentilhomme, Lison, Naudet, la Damoyselle. — Imprimé à Rouen par Jehan le prest, demourant au dict lieu ([1]).

Cette farce s'ouvre par une explication entre Lison et Naudet son mari qui dit avoir vu, le soir, le seigneur du village en rapport avec une femme, et il laisse entendre qu'il sait que c'était Lison. Celle-ci lui dit de se taire s'il ne veut être mis en prison. Là dessus le seigneur arrive et commande à Naudet de monter sur son cheval et d'aller le faire promener. Naudet prétexte que la bête est trop farouche. Dans ce cas, lui répond-on, mets-la à l'écurie et vas chercher du vin, puis porte une lettre à ma femme au château. Naudet sort, mais il laisse aussitôt aller le cheval à l'aventure, revient sur ses pas, et voit par une fente de la cloison ce qui se passe dans une chambre de derrière où se sont retirés Lison et le seigneur.

La Damoyselle (ou femme du seigneur) voit revenir le cheval seul, craint qu'il ne soit arrivé malheur à son mari, et exprime ses inquiétudes. En ce moment Naudet arrive au château avec une lettre.

La dame dit qu'elle a des soupçons sur la conduite du seigneur avec Lison. Le mari convient qu'ils sont fondés.

LA DAMOYSELLE.

Ha, je scay bien que Monsieur Dayre
Estoit couché a costé delle.

([1]) Quatre feuillets. Caractères gothiques plus petits que ceux des pièces précédentes. Quatre-vingt-trois lignes à la page.

NAUDET.

Jens, non estoit ma Damoyselle
Il estoit tout fin plat dessus.

LA DAMOYSELLE.

Et que luy faisoit-il, Jesus !
Je te pry dy le moy beau sire.

NAUDET.

Je nay garde de vous le dire,
Monsieur me ravesqueroit bien.

LA DAMOYSELLE.

Dict le moy, je nen diray rien.

NAUDET.

Ma foy, point ne vous le diray
Je gasterois tout le mistere.
Jayme beaucoup mieux vous le faire
Trois fois, que vous en dire un mot.

LA DAMOYSELLE.

Tu ne scaurois, tu es trop sot.

NAUDET.

Je ne scaurois ! hau, quel raison !
Et je le fais bien a Lison
Tous les jours six ou sept foys.

LA DAMOYSELLE.

Tu as menti, point ne le crois,
Tu es trop sot pour telle ouvraige.

NAUDET.

Le plus sot y est le plus saige.
Pour veoir mettez moi en besongne,
Or dictes que je vous empoigne,
Si comment monsieur faict ma femme.

Et je vous jure sur mon ame
Que point ne vous escondiray.

LA DAMOYSELLE.

Or m'empoigne donc, je voirray
Ta vaillance à tes beaulx combats.

NAUDET.

Il met ainsi sa robbe bas,
Et prent Lison en ceste sorte,
Et en l'autre chambre l'emporte
Sus la couchette, et ferme l'huis.

Il faut supposer ici que la scène change; car, après le dernier vers que je viens de citer, le dialogue entre Lison et le gentilhomme continue, ce qui prouve que le spectateur est censé revenu vers la ferme de Naudet.

Le seigneur demande à Lison son habit qu'il a ôté, et, comme il ne se retrouve pas, il dit qu'on l'aura sans doute volé, durant l'absence de Naudet, et il prend congé de Lison, pour retourner chez lui, où il rencontre Naudet qui l'accuse de s'ébattre avec sa femme. Là dessus la chatelaine accable le seigneur de reproches, et Naudet découvre enfin au trompeur qu'il est lui-même trompé.

Joué my suis deux ou trois foys,
Mais je ny trouve point de choix ;
Cest tont ung, sils sont pelle melle,
De Lison ou ma Damoyselle.
Ils sont dung goust, dune facon
Celuy ma Damoyselle et Lison ;
Mais je veulx ne men chaulx laquelle
De Lison ou ma Damoyselle.
Vous aurez le choix, cest raison,
De ma Damoyselle ou Lison.
Prenez la plus doulce ou plus belle,
De Lison ou ma Damoyselle,

Ou toutes deux les espouson
Et faison feste solennelle
De ma Damoyselle et Lison.

LA DAMOYSELLE.

Mais que ce fol a de blason !

LE GENTILHOMME.

Hon, hon, ma femme, estes vous telle,
Du chois nen donnerois un oignon,
De Lison ou ma Damoyselle,
De ma Damoyselle ou Lison.
Nen parlons plus et nous taison,
Cecy est neufve nouvelle :
Tenir me veult à la maison
Puis quon vient a ma damoyselle
Pendant que je suis a Lison.

NAUDET.

. . . .

Gardez donc vostre seigneurie
Et Naudet sa Naudeterie.
Si tenez Lison ma famelle,
Naudet tiendra ma Damoyselle.
Ne venez plus Naudetiser,
Je niray plus seigneuriser ;
Chascun a ce qu'il a, se tienne,
Et affin quil vous en souvienne
Croyez moi quil fault, mon amy,
A trompeur, trompeur et demy ;
Pourtant que plus ne vous advienne (¹).

FINIS.

(¹) *A trompeur tromperye luy vient,*
nous dit la farce *du Mounyer et de la Mounyere,* dans le 2ᵉ volume du Recueil
de Leroux de Lincy et Francisque Michel. C'est le même sujet, à peu près,
que celuï que nous analysons, mais en partie double.

N° 16.

Farce nouvelle à troys personnaiges : Cestassavoir le Badin, la Femme et la Chambrière (¹).

La femme se plaint à sa chambrière des mauvais traitements que lui fait subir son mari, et lui dit d'aller prévenir un certain Maurice, de se rendre près d'elle. La chambrière rencontre le Badin qui lui demande où elle va, elle répond :

> Cest ma maistresse
> Qui a mal à son amatrix
> Elle menvoye querir messire Maurice
> Pour la guerir.

Le Badin lui propose de jouer un tour à sa maîtresse, dit qu'il se déguisera en prêtre et prendra la place de Maurice. La chambrière entre dans ce complot. Le Badin arrive déguisé, et demande où souffre la femme. Elle lui raconte tout ce qui est arrivé entr'eux précédemment, et en apprenant que son mari est à l'extrémité, elle se déguise en nonnette, et va l'exhorter. Or, c'est encore le Badin qui prend la place du mari, et qui écoute le sermon de la femme.

Cette farce, dont le dialogue est fort embrouillé et l'action peu intelligible, se termine abruptement par ces trois vers :

> Adieu, seigneurs, contemplez en effect
> Qu'il nest finesse que dune femme ;
> Fin contre fin, autre deçoy.

(¹) Quatre feuillets. Sans date, nom de lieu, ni d'imprimeur. Cinquante-huit lignes par page.

N° 17.

Farce nouvelle très bonne et fort joyeuse de Jeninot qui fist un roi de son chat, par faulte d'aultre compagnon, en criant : le roy boit, et monta sur sa maistresse pour la mener à la messe, à trois personnaiges : Cestassavoir le Mary, la Femme et Jeninot (*).

Les époux conviennent qu'il leur faut un valet pour les servir. Jeninot, espèce d'imbécille, arrive, et il est loué à raison de trois francs par an. Le mari et la femme lui disent qu'ils vont souper chez un voisin, et qu'il ait à garder la maison. Pendant leur absence et après leur retour, Jeninot fait plusieurs farces, et finit par être battu et chassé.

Cette pièce n'a ni sel ni caractère.

(*) Quatre feuillets. Sans date, nom de lieu, ni d'imprimeur. Cinquante-sept lignes par page.

Nº 18.

Farce nouvelle de frère Guillebert, très bonne et fort joyeuse, à quatre personnaiges : Cestassavoir frère Guillebert, Lhomme vieil, sa Femme jeune, la Commère (¹).

Frère Guillebert commence :

> Foullando in calibistris
> Intravit per boucham ventris
> Bidauldus purgando renes.
> Noble assistance, retenez
> Ces mots pleins de devotion,
> Cest touchant l'incarnation
> De lymage de la brayette
> Qui entre, corps, aureille et teste,
> Au precieulx ventre des dames.
> Si demandez entre vos femmes,
> Or ça, beau père, quomodo,
> Le texte dict que foullando
> En foullant et faisant zic zac,
> Le gallant se trouve au bissac.
> Entendez vous bien, mes fillettes,
> S'on s'encroue sur vos mamelettes,
> Et quon vous chatouille le bas,
> Nen sonnez mot, ce sont esbats,
> Et nen dictes rien a vos mères.
> De quoy serviroient vos aumoyres,
> Si ne vouliez bouter dedens,
> Si vous couchez toujours a dens,

(¹) Quatre feuillets. Petits caractères gothiques de soixante-dix lignes à la page. Sans date, nom de lieu, ni d'imprimeur.

Jamais naurez les culz meurtris
Foullando in calibistris.
Gentilz gallans de rond bonnet
Aymant le sexe feminin,
Gardez si latellier est net,
Devant que larder le connin ;
Car s'on prent en queue le venin
On est pirs quau trou sainct Patris,
Foullando in calibistris.
Tétins moussus, doulces fillettes,
Qui aimez bien faire cela,
Et en branlant vos mamelettes,
Jamais ne direz hola ;
Un point y est, guettez vous la,
Que vous nayez fructus ventris
Foullando in calibistris.
Vous, jeunes dames mariées
Qui nen avez pas a demy,
Nescondissez point un amy,
Car cest, et fust il endormy
Au papar ceulx qui sont pestris,
Foullando in calibistris.
Je vous recommande a mon prosne
Tous nos freres de robe grise.
Je vous prometz, et cest belle ausmone
Que faire bien a gens deglise ;
Grans pardons a te vous advise
De leur prester boucham ventris,
Foullando in calibistris.
Plusieurs beaulx testins espie,
Se font batre sans nul mercy,
Et puis qu'ils ont de petits pieds
Au ventre, ils sont en soucy ;
La se disent dou vient cecy ?
Et le veulx tu scavoir, Bietris,
Intravit per boucham ventris.
Au tas de vieilles esponnées

Qui vous font tant de preude femmes,
Il semble qu'ils soient estonnées
Sils oyent parler quon ayme dames.
Et vous croyez que les infames
Ont tous les bas espoitronnés
De servir purgando renes.
Mes dames, je vous recommende
Le pauvre frère Guillebert.
Se lune de vous me demande
Pour fourbir un poy son haubert,
Approchez, car gy suis expert.
Plusieurs harnois ay estrenés.
Bidauldus purgando renes.

Après ce sermon, suit un dialogue entre une femme et une commère. La femme se plaint que son mari n'est plus bon à rien, et la commère lui conseille de prendre un ami gaillard. Là dessus arrive le frère Guillebert qui demande l'aumône. La femme lui dit de revenir le lendemain matin de bonne heure. Conversation entre la femme et le mari :

LA FEMME.

Voulez vous que je vous die,
Je suis par trop femme pour vous.

LHOMME.

En ung moys je fais mes cinq coups,
La sepmaine ung coup justement.

LA FEMME.

Cela nest quaremmement,
Jaymerois tout aussi cher rien.

LHOMME.

Comment, vous vous passiez bien
De causqueson chez vostre mère.

LA FEMME.

La douleur est bien plus amère,
Mourir de soif emprès le puis.

Enfin elle lui indique plusieurs mets dont elle a envie, et qui la consoleraient de ses déplaisirs. Le mari, désireux de l'adoucir, lui promet qu'il les ira chercher lui-même au marché, le matin de bonne heure.

Le mari parti, on entend chanter frère Guillebert, puis il appelle :

Hola hay ! je viens bien a point.

LA FEMME.

Oy, devestés chausses et pourpoint,
Et approchez, la place est chaulde.

(*Frère Guillebert se dépouille.*)

Au moins y a il point de fraulde ?
Je crains la toucher sur mon ame.

LA FEMME.

Pas nestes digne davoir dame
Puis que vous estes si paoureux.

Le mari revient, sur ces entrefaites, parcequ'il a oublié son sac. Le frater qui l'entend, est dans une grande frayeur, et se cache dans un coffre où malheureusement se trouve le bissac que vient chercher le mari. Après avoir regardé en plusieurs endroits, tandis que sa femme cherche à détourner son attention par ses propos, il prend enfin, sans s'apercevoir de la méprise, les hauts de chausses du frère, pour son bissac, et il part.

La femme et le frater se désolent en découvrant le quiproquo.

Celui-ci regagne le couvent, et la femme va consulter sa voisine qui lui dit que cette aventure n'est rien, qu'elle se charge de tout arranger :

> Allez vous en à la maison ;
> Je luy prouveray par raison
> Que ce sont les brayes sainct Françoys.

Le mari revient plein de colère, et demande à sa femme : qu'est-ce que cela signifie ? (*Monstrat caligas*, est écrit en marge de cet endroit). La commère, qui est avec la femme, répond :

> Las, mon amy ne pensez my
> Quil y ait icy de sa faulte ;
> Le cœur dedens mon ventre saute,
> Quant manier je vous les vois.
> Las, ce sont les brays sainct Francoys.
> Ung si précieux reliquère.

LHOMME.

> Et vertu sainct gens, à quoy faire
> Les eust on mises en ma maison ?

LA COMMÈRE.

> Vrayment, il y a bien raison ;
> Et pensez vous bien, Dieux avant,
> Que vous eussiez faict un enfant,
> Sans laide du sainct reliquaire.

LHOMME.

> Et pourquoy nen scaurois-je faire ?

LA FEMME.

> Helas ! vous estes esprouvé.
> . . . .

LHOMME.

Je les yray donc convoyer
Moy mesmes jusques au couvent.

LA COMMÈRE.

Frere Guillebert vient souvent ;
Il ne les luy fault que bailler.

. . . .

LHOMME.

Pardonnez moy, par nostre dame,
Mamye, jay failly lourdement (¹).

. . . .

(¹) Le lecteur reconnaît ici le sujet d'un conte répété dans presque tous les recueils de récits facétieux, depuis le Pogge.
Les auteurs de Fabliaux l'avaient déjà traité.

N° 19.

Farce nouvelle très bonne et fort joyeuse de Guillerme qui mangea
les figues du curé, à quatre personnaiges : Cestassovoir le Curé,
Guillerme, le Voisin et sa Femme ([1]).

Le curé commence :

Guillerme !

GUILLERME.

Placet magistrum ?

LE CURÉ.

Tu es un notable patron ;
Dou viens tu ?

GUILLERME.

Du de foras ;
Ego fui duabus horas
Legendo epistolibus.

LE CURÉ.

Que mauldit soit le lordibus,
Il na sens non plus que ung oyson.

Le curé continue à reprocher à son domestique de faire de
travers tout ce qu'il lui ordonne, et le valet prouve, par ses
réponses, qu'il mérite bien le reproche. Le curé lui commande
ensuite d'aller inviter son voisin et sa femme. En même temps

([1]) Une gravure sur bois, au titre, représentant Guillerme. Huit feuillets.
Quarante-quatre lignes à la page.

il lui remet des figues, avec injonction de les mettre en lieu
sûr. Guillerme les mange en route.

Les hôtes étant arrivés, ils soupent tous ensemble, et, durant
le repas, le valet fait tant de sottises, que le curé le met à la
porte, et la pièce finit par ces vers :

> Et pour toute conclusion,
> De sottes gens ne vous servez ;
> Mettez les hors si en avez,
> Et ne faites faire messaige
> A homme vivant, sil nest saige,
> Qui a son cas duit et apprins,
> Car pour conclure ce passaige,
> Vous voyez comment m'en est prins.

Cy fine la farce de Guillerme imprime nouvellement en
la maison de feu Barnabe Chaussard, près nostre Dame de
Confort.

N° 20.

Farce nouvelle très bonne et fort joyeuse de Jenin fils de rien, à
quatre personnaiges : Cestassavoir la Mère et Jenin son fils, le
Prêtre et le Devin (¹).

Un fils interroge sa mère, pour savoir qui est son père.
Elle prétend ne pas le savoir. Jenin va consulter le curé qui
le reconnait pour sien ; mais la mère le nie. Un devin étant
appelé, embrouille la question, et Jenin conclut qu'il est fils
de rien.

« Imprime nouvellement a Lyon, en la maison de feu
« Barnabe Chaussard près nostre Dame de Confort. »

(¹) Huit feuillets. Une gravure sur bois au titre, représentant Jenin. Quarante lignes à la page.

Nº 21.

La confession de Margot la benigne, à deux personnaiges : Cestassavoir le Curé et Margot (¹).

Margot se met a genoulx devant le curé et dit en plourant :

Je me confesse a vous, beau pere,
J'ay anuyt secouru ung frere
En sa grande nécessité,
Je lay faict par joyeuseté,
Car il en estoit empesché,
Parquoy, sire, se jay peché
Jen requière absolution.

LE CURÉ.

Fille, dictes vostre raison
Jusqu'a la fin de vos pechéz.

MARGOT.

Sire, bien veulx que les sachez,
Je diray tout, sans rien rabatre,
Il me le fit troys foys ou quatre,
Sans descendre le beau Robin,
Ne scay sil estoit Jacobin,
Cordelier, Augustin ou Carme,
Mais je vous jure sur mon ame
Quil le faisoit se tres bau hayt.

LE CURÉ.

De peché ny avez point faict ;
Il gaigne la gloire des cieulx

(¹) Une gravure sur bois au titre. Trois feuillets. Sans date, nom de ville,
ni d'imprimeur. Quarante-quatre lignes à la page.

Qui faict bien aux religieux,
De cela soyez certain.

MARGOT.

Avecques moy coucha ung moyne
Dedans la meilleure de nos chambres,
Ses genoulx mit entre mes jambes
Plus de sept foys celle nuytée ;
Je ne scay se jen suis dampnée,
Quen dictes vous sur ce passage.

LE CURÉ.

Je vous tiens pour tres bonne et sage
D'avoir faict si tres belle ausmone ;
De tous les cardinaulx de Romme
Vous douray absolution.

MARGOT.

Sire, entendez ma raison,
Souvent mon voysin je secours,
Et si men voys a luy le cours,
Laissant mon mary quant il dort,
Le peché si fort me remort
Que je ne sais se je men repente.

LE CURÉ.

La chose nest pas convenante
De soy repentir de bien faire,
Des grans peines de purgatoire
Et d'enfer le tourment villain,
Je vous absoudray tout a plain.

MARGOT.

Sire, entendez d'ung pelerin
. . . . (¹).

(¹) Le reste du morceau renferme des détails si libres, que nous nous
sommes arrêté ici dans notre transcription.

Nº 22.

Farce nouvelle très bonne et fort joyeuse de George le Veau. A quatre personnaiges : Cestassavoir Georges le Veau, sa Femme, le Curé et son Clerc (¹).

———

Le mari se plaint de la hauteur et de la fierté de sa femme qui, de son coté, regrette qu'on l'ait donnée en mariage à :

Ung badault sans nulle science.

Comme elle lui reproche sa basse naissance et lui demande sans cesse de qui il descend, George va consulter le curé qui, d'accord avec la femme, lui fait croire qu'il est changé en veau, et qu'il restera tel, à moins que dorénavant il n'obéisse en tous points à sa femme. Le mari y consent et la farce finit.

(¹) Huit feuillets. Titre avec une gravure sur bois. Quarante-six lignes à la page.

N° 23.

Sermon joyeux de bien boire. A deux personnaiges : Cestassavoir le Prescheur et le Cuisinier (¹).

Le cuisinier interrompt constamment le prédicateur dont tout le sermon peut se résumer dans les vers suivants, extraits du deuxième feuillet :

> Dieu a commandé de sa main
> Quon se doit au matin lever
> Pour bien arrouser le gosier,
> Car qui bien boit longuement vit,
> Ainsi que le note David :
> Media nocte surgebam,
> Pourquoy ? pour arrouser la dent,
> Car qui veult es saincts cieulx aller
> Bonum vinum et optimum
> Debet potare.

Les deux adversaires s'injurient à qui mieux mieux, et, à la fin, le prècheur quitte la place.

(¹) Six feuillets. Sans date, nom de lieu, ni d'imprimeur. Au titre, gravure sur bois, représentant une comète. Quarante-six lignes à la page.

N° 24.

Farce nouvelle très bonne et fort joyeuse de la résurection de Jenin Landore. A quatre personnaiges : Cestassavoir Jenin, sa Femme, le Curé et le Clerc (¹).

La femme se lamente à cause de la mort de son mari. Le curé lui dit qu'il est mort de boire. Dans l'intervalle, Jenin sort de sa léthargie, et annonce qu'il a été en Paradis et en Purgatoire, et il donne au curé des explications sur ce qui s'y passe. Cette explication est entremêlée de traits satyriques contre le clergé. Il a appris divers secrets, ajoute-t-il, entr'autres celui d'empècher les femmes de parler, quand il le veut, de dire la bonne aventure par l'inspection des mains, de se rendre invisible, etc. Il examine les mains du curé et du clerc, mais lorsque sa femme lui présente la sienne, il répond ainsi :

LA FEMME.

Or ca, mon amy, quelz propos
Direz vous de moy ?

JENIN.

Par ma foy je ne veux rien scavoir
Ma femme ,
 De paour de trouver quelque blasme,
Car sen vos mains je regardoye
 Peult estre que je trouveroye
 Quelque cas qui me desplairoit
 Et puis...

(¹) Quatre feuillets. Sans date, nom de lieu, ni d'imprimeur. Gravure sur bois au titre, représentant Jenin mort, et sa femme et sa servante agenouillées près de lui. Cinquante-cinq lignes à la page.

LA FEMME.

Et puis quoy ?

JENIN.

Jenin se tairoit.

LA FEMME.

En auriez vous bien le courage ?

JENIN.

Ma foy, ma femme, un homme sage
Ne s'enquiert jamais de sa femme
Que le moins qu'il peult.

LE CURÉ.

Cest la game,
Cela evite mains courroux.
. . . . (¹).

(¹) Après quelques vers encore, la farce finit, sans que l'action se termine.

Nº 25.

La Farce nouvelle fort joyeuse du pont des Asgnes, à quatre personnaiges : Cestassavoir le Mary, la Femme, messire Domine de
et le Boscheron (¹).

Un mari ne peut se faire obéir de sa femme, qui refuse de
faire le ménage pour lui. Il consulte une espèce de charlatan
sur le moyen de sortir d'embarras. Celui-ci s'exprime en un
jargon latin-italien-français, et répète à plusieurs reprises :

> Va de tenes le pont aux asgnes
> Basta tant que debet suffire.

Le mari sort pour aller voir ce qui se passe au pont aux
ânes. Il y trouve un bucheron dont la monture refuse de
franchir le pont. A force de coups, elle obéit enfin. Le mari
retourne chez lui et met le conseil en pratique avec sa moitié
qui devient soumise et obéissante.

(¹) Quatre feuillets. Sans date, nom de lieu, ni d'imprimeur. Une gravure
sur bois, à la fin de la pièce.

N° 26.

Farce nouvelle très bonne et fort joyeuse, à troys personnaiges : dun Pardonneur, dun Triacleur et dune Tavernière (¹).

***

Le triacleur ou marchand d'onguents, et le vendeur de reliques ou pardonneur, expliquent tous deux au public le mérite de leurs marchandises, et finissent par s'injurier, parce qu'ils s'interrompent mutuellement dans leurs discours. Enfin ils s'entendent pour aller boire ensemble, et trompent la tavernière en lui laissant des hauts-de-chausses, comme un objet précieux.

LE TRIACLEUR.

> Yrons nous boire ?
> Je te pry allons y, beau sire.
> Nous ne faisons quentrenuire,
> Se nous ne faisons quelque accord
> Tu scez par ton mesme record
> Que deux coquins ne vallent rien
> A un huys.

LE PARDONNEUR.

> Tu dis tres bien :
> Il nous fault aller gourmander ;
> A quelquun nous fault demander
> Ou est le bon vin d'Orleans.

(¹) Quatre feuillets. Gravure sur bois, au titre. Sans indication d'année, de lieu, ni d'imprimeur. Cinquante-sept lignes à la page.

LA TAVERNIERE.

Cest ceans, seigneurs, cest ceans,
Venez, entrez, jay de bon vin.

LE TRIACLEUR.

Ainsi lentens-je en latin,
Tenez, gardez moy ce coffre.

LA TAVERNIERE.

Messieurs, dictes sil vous plaist
De quoy vous meslez vous tous deux ?

LE PARDONNEUR.

De quoy? nous sommes pardonneur,
Dame, a vostre commandement,
Au moins moy veritablement ;
Mais cestuy cy est triacleur.

LA TAVERNIERE.

Par sainct Jehan, je me tiens seur,
Se mon mary estoit icy,
Certes il seroit bien marry
Se tres bien ne vous festoyoit,
Car aussi certes il souloit
Se mesler de vostre mestier.

LE TRIACLEUR.

Comme quoy ?

LA TAVERNIERE.

    Il estoit ouvrier
Excellent d'arracher les dens.

LE PARDONNEUR.

Sang bieu ! il estoit de nos gens.

. . . .

Au nombre des principales reliques, mentionnées dans cette pièce, se trouvent :

Le groing
Du pourceau Monsieur sainct Anthoine (¹).

———

La creste
Du coq qui chanta cheuz Pylate,
Et la moytié dune late
De la grande arche de Noe.

———

L'aisle
Dun des seraphins dempres Dieu.

———

La pierre de quoy David
Tua Golias le geand.

(¹) On trouve dans le *Bulletin du Bibliophile,* 3ᵉ série, 1838, pag. 506, une notice, signée X, sur l'origine du petit cochon de saint Antoine. Dante a parlé de cet animal :

Di questo ingrassa il porco Sant' Antonio.

Nᵒ 27.

**Farce nouvelle du pasté et de la tarte, à quatre personnages :
Cestassavoir deux Coquins, le Patissier et sa Femme (¹).**

Conversation entre deux gueux qui souffrent du froid et de
la faim, et qui s'engagent à partager ce qu'ils pourront se
procurer. L'un d'eux s'empare par adresse d'un pâté ; puis
voulant obtenir une tarte de la même manière, il y fait aller
son compagnon qui est battu par le pâtissier, et qui fait en
sorte que le larron son compère reçoive également sa part
des coups de bâton.

(¹) **Quatre feuillets. Sans indication. Cinquante-huit lignes à la page.**

Nᵒ 28.

Farce nouvelle de Mahuet Badin, natif de Baignolet, qui va a Paris au marché pour vendre ses oeufs et sa cresme, et ne les veult donner sinon au pris du marché : et est à quatre personnages. Cestassavoir Mahuet, sa Mère, Gaultier et sa Femme (¹).

La mère envoie son fils vendre ses œufs et sa crème à Paris, et comme il est très niais, on les lui fait donner pour rien. Cette farce nous parait sans sel et lourdement dialoguée.

(¹) Quatre feuillets. Cinq gravures sur bois, au dernier feuillet : deux au recto, et trois au verso. Sans indication. Cinquante lignes à la page.

N° 29.

Farce nouvelle et fort joyeuse des femmes qui font escurer leurs chauldrons, et deffendent que on ne mette la piece auprès du trou. A troys personnages : Cestassavoir la premiere femme, la seconde et le Maignen ([1]).

Deux femmes se plaignent l'une à l'autre de leurs maris, et jurent de se venger.

LA PREMIERE.

Ils vont bien a dautres le faire,
Nos maris les villains jaloux,
Et pourquoy ne le ferons nous
Aussi bien comme eulx.

LA SECONDE.

Cest raison, en saison
Pourquoy naurons nous
Pour nous reconforter un amy ;
A trompeur, trompeur et demy.

Durant cette conversation, passe un chaudronnier, en criant qu'il raccommode toute espèce de chaudrons et marmites.
Elles l'appellent.

LA PREMIERE.

Venez ca, dictes nous, maistre, esse
Vostre plaisir de nous servir.

([1]) Quatre feuillets. Une gravure sur bois au titre. Sans indication d'année, de ville, ni d'imprimeur. Soixante lignes par page.

LE MAIGNEN.

Vrayment je me vueil asservir
Vous faire plaisir et service,
Mais premier fauldroit que je visse
Lœuvre ou voulez que besongne.

LA PREMIERE.

Vous naurez point vieille besongne
Ne qui soit forte a esclaircir.

LA SECONDE.

Faictes vostre broche endurcir,
Que ne rebourse en nostre ouvrage.

LE MAIGNEN.

Rebourser! vous me dictes raige,
Garde na dy estre ployée,
Car par le bout est achierée.

LA PREMIERE.

Monstrez ça.
Tenez, nostre maistre,
Scavez qu'il est; nallez pas mettre
Icy la piece aupres du trou.

LE MAIGNEN.

Maistresse, je y mettray un clou
Gros et rivé par les deux bouts.

LA SECONDE.

Quil m'y soit congné en deux coups;
Faictes quelque œuvre de nouveau.

LA PREMIERE.

Mon chaulderon fait de l'eau
Auprès du cul, quand il est chault,

Et pour cause, maignen, il fault
Que y mettez une bonne piece,
Afin que plus ne se depièce,
Et que bien me soit esclarcy.

LA SECONDE.

Servez nous a nostre appetit,
Ny mettez point clou si petit,
Que le trou nen soit estouppé.

LE MAIGNEN.

Voyez, cestuy il a tappé.
Est il rivé de bonne sorte,
Quen dictes vous ?

LA PREMIERE.

Le Dieu m'emporte,
Vous estes ouvrier parfait.
Un maistre on le cognoist parfait
A son ouvrage.

LA SECONDE.

Nous buron.
Frappez fort sur le chaulderon.
Vous frappez dessus si en paix ;
Il a le cul assez espaix
Pour endurer la refaçon.

LA PREMIERE.

Cest un chaulderon de façon
Que le mien, et est assez fort ;
Mais qu'on ne lui fasse point tort,
Quasi pour servir deux menages.

LE MAIGNEN.

Vous avez assez doulx ouvrages
Cela ne veueil contrarier.

LA SECONDE.

Ne reste que un bon ouvrier
Pour nous servir a nostre appoint.

LE MAIGNEN.

Je croy que ne vous plaindrez point
De ma besongne.

LA PREMIERE.

Je le croy.
Servez nous bien, et sur ma foy
Payez serez a vostre dit.
Mais comme on vous a ja dit,
Gardez bien de tirer le clou,
Ne les pieces aupres du trou,
Comme maignens ont de coustume.

LA SECONDE.

Nespargnez marteau, n'enclume,
Frappez fort, rivez fermement,
Car s'il dégoute aucunement,
Ou face de l'eau par le trou
Ou vous avez frappé le clou,
Vous perdrez en nous bon credit.

LE MAIGNEN.

Je m'engage que vous direz
Que ne fustes de vostre vie
A vostre vouloir mieulx servie
De compagnon de mon mestier.

LA PREMIERE.

Vrayment, nous avions bien mestier
D'un autel homme comme vous.
Frappez fort, car je vous advoues.
Espargnez vous, frappez dessus?

LE MAIGNEN.

Regardez moy comme je sues.
A vous servir je prends grand'peine,
J'en suis quasi tout hors d'alaine.
Voyez, vostre cas est bien fait.

Le dialogue continue jusqu'à la fin sur ce ton. Le chaudronnier promet, en partant, de revenir le lendemain.

Nº 30.

Farce nouvelle très bonne et fort joyeuse, à troys personnaiges, d'un chauldronnier : Cestassavoir l'homme, la femme et le Chauldronnier (¹).

***

Un mari et sa femme se querellent, et, après s'être bien injuriés l'un l'autre, ils parient de rester assis sans parler, quoiqu'il advienne, et celui qui bougera le premier, paiera à souper. Dans l'intervalle un chaudronnier passe et demande s'il n'y a rien à raccomoder.

Ni l'homme, ni la femme ne répondant mot, l'ouvrier étonné s'approche de la femme, et dit :

> A, par mon ame, elle ressemble
> A Venus deesse damour.
> Quel musequin, Dieu ! quel recour !
> Mamye que je vous flatte,
> Vous avez la chere delicate,
> Et si estes patiente et doulce :
> Elle souffre que je la touche,
> Plaisamment du tout a mon grez.
> Par bieu, mon musequin pavez,
> Baiser vous veueil et accoller.

Il joint l'action aux paroles ; la dessus le mari se lève et bat le chaudronnier.

***

(¹) Quatre feuillets dont le dernier est sans texte et ne contient que cinq gravures sur bois, deux au recto et trois au verso. Deux gravures sur le titre. Sans indication de date, de lieu, ni d'imprimeur. Cinquante-six lignes par page.

LA FEMME.

Nostre dame ! vous avez perdu,
Je suis demourée maistresse.

LHOMME.

Et viens ça, viens larrounesse,
Pourquoy te laisses tu baiser
D'un tel truand paillard.

LA FEMME.

Et pour gagner la gajeure.

LHOMME.

Il est vray ; allons boire.

LA FEMME.

Allons.

Et ils vont souper de compagnie avec le chaudronnier.

Nº 31.

**Farce nouvelle très bonne et fort joyeuse, à troys personnages :
Cestassavoir le Chauldronnier, le Savetier et le Tavernier ([1]).**

Le chaudronnier et le savetier se querellent, et en viennent
aux coups pour une cause assez futile ; enfin, ils s'apaisent
et vont boire ensemble. Après avoir bu, ils s'aperçoivent
qu'ils n'ont d'argent ni l'un ni l'autre. Pourparlers avec le
tavernier auquel ils promettent de payer le lendemain. Mais,
lorsque celui-ci vient chercher son argent, le chaudronnier
s'est déguisé en femme du savetier, et le savetier se feignant
enragé, distribue coups de poing et coups de pied , à droite et
à gauche :

LE TAVERNIER.

> Pour Dieu, tenez vostre mary,
> Puis qu'il est ainsi enragé.
> La mort bieu, je scray payé,
> Ou je n'yray hors de céans.
> Prestez vostre argent a telz gens,
> Qui n'ont pas vaillant ung festu.
> Encore s'ay je esté battu ;
> Qui pis vault j'ay esté trompé.
> . . . .
> Adieu, Messieurs, je m'en voys.
> . . . .

([1]) Deux gravures sur bois au titre. Quatre feuillets dont le dernier contient
une autre gravure. Sans date, nom de ville, ni d'imprimeur. Cinquante-quatre
lignes par page.

N° 32.

Farce joyeuse très bonne et recréative pour rire, du Savetier :
C'estassavoir Audin savetier, Audette sa femme et le Curé (¹).

———

Audin commence :

> On m'a mis en mesnage,
> On m'a mis en tourment ;
> Ma foy cest grant dommage
> Car j'estoye bel enfant.

LA FEMME.

> Mon mary va tousjours chantant
> Et n'a soucy de prendre peine.

AUDIN.

> Voulez vous dire qu'en mesnage
> Chascun preigne plus de peine,
> Et il faict ta fiebvre quartaine (²).

AUDETTE.

> Qui te puisse saisir.
> A toy n'a soulas ne plaisir,
> Nul esbatement quelconque,
> Si a plus de sept sepmaines
> Que ne fistes cela.

AUDIN.

> Et par la vertu bieu, sy a,

(¹) Quatre feuillets. Gravure sur bois, à la fin du dernier. Quarante-sept
lignes par page.

(²) L'expression de fiebvre quartaine se trouve dans Rabelais.

Je vous le feys sept foys
Sans desmonter.

AUDETTE.

Sainct Jehan ! s'a donc esté
Du nez.

. . . .

Après qu'ils se sont violemment querellés, le mari dit qu'il va crier des vieux souliers par la ville, et recommande à sa femme de bien garder la maison, sinon qu'il la battra. Pour plus de précaution, il l'enferme. Le curé qui est amoureux de la femme, saisit le moment que le mari est dehors, pour aller trouver Audette, qui lui apprend qu'elle ne peut lui ouvrir. Le curé veut enfoncer la porte.

LE CURÉ.

Sang bieu, je bouteray lhuys dedans.

AUDETTE.

A non ferez, je vous diray
Ung aultre point j'ay advisay
Comme vous en pourrez chevir.

LE CURÉ.

Et comment ?

AUDETTE.

Il vous fault tenir premièrement,
Et puis je vous feray entrer,
Et quant Audin viendra
Je le mauldiray,
Puis il respondra et dira
Le diable t'emporte.
Si tost que vous orrez ce mot,
Et tout incontinent me prenez,
Comme diable tout enragéz.

LE CURÉ.

Il sera faict tout a cest heure.

AUDETTE.

Ne faictes pas longue demeure.

Le mari revient; sa femme l'injurie et même le frappe; alors Audin s'écrie :

Je prie a Dieu que le grant dyable
Te puisse emporter.

LE CURÉ, *habillé en dyable.*

Brou, brou, brou, ha, ha, brou, ha, ha !

AUDIN.

Jesus, nostre dame !
Le grant dyable emporte
Ma femme ! ha nostre dame,
Que rage (¹) !

LE CURÉ.

A j'ay bien faict mon personnage !

AUDETTE.

Si bien que on ne scauroit mieulx.

LE CURÉ.

Puis qu'il ny a icy que nous deulx,
De vous feray a mon plaisir.

AUDETTE.

Je suis a vous semidieux,
Faire povez tout a loysir.

(¹) Il faut supposer ici que le mari s'enfuit.

LE CURÉ.

Mamy, mon cueur meurt
De joye parfaicte,
Or vous tiens je icy a mon gré !

AUDETTE.

Ce nest pas par moi tout ;
Mais scavez vous que j'ay advisé
Pour mon honneur tousjours recouvrir.

LE CURÉ.

Et quoy ?

LA FEMME.

Il vous convient courir,
Vers mon mary scavoir qu'il faict,
Disant que ne scavez que cest,
En lieu du monde.

LE CURÉ.

Nous commençons tant hault que bas,
Si prenez en gré nos esbatz,
Si nous avons aulcun forfaict.

AUDIN.

Si vous trouvez vos femmes en tel cas,
Donnez les au dyable comme j'ay faict.

FINIS.

Nº 33.

Farce nouvelle dung savetier nommé Calbain, fort joyeuse, lequel se maria à une savetière. A troys personnages : Cestassavoir Calbain, la Femme et le Galland (¹).

La femme se plaint que son mari lui refuse tout ce qu'elle demande. Elle l'appelle à plusieurs reprises ; enfin il arrive en chantant. Sa femme le prie de lui acheter une robe, comme celle de sa voisine. Il continue à fredonner diverses chansonnettes, et semble ne pas entendre. Enfin il part pour aller acheter du cuir à la foire. Un galant arrive. La femme lui demande conseil. Il dit qu'il intercédera pour elle, ce qu'il fait en effet, mais le mari chantonne constamment, et ne répond jamais rien. Alors le galant donne à la femme l'avis d'amadouer son mari, de le faire boire, et de mettre une poudre dans son vin, pour l'enivrer, puis de prendre sa bourse, et d'aller s'acheter une robe. La femme suit ce conseil ; le mari s'enivre, s'endort, et elle part avec la bourse.

Lorsqu'il s'éveille, il s'aperçoit que son argent lui est dérobé ; il interroge sa femme qui, à son tour, ne répond que par des refrains de chanson. Le mari menace de la battre.

LA FEMME.

Si my touchez, je vous feray mettre
A la prison du chasteau, nicque, nicque, nocque,
A la prison du chasteau, nicque, nocqueau.

CALBAIN.

Sainct Jehan ! me voyla bien et beau.

(¹) Six feuillets. Quarante-six lignes par page.

Tu scais qu'il me fault achepter
Des souliers; fault il tant prescher.
Rendz moy ma bourse, si tu veulx.

LA FEMME.

Et que tant vous estes fascheux !
Cherchez vostre bourse aultre part.

. . . .

Par le jour qui luyt,
Plus ne coucheray a ton lict:
Voire jamais ne te feis tort.
Penses tu que cest beau rapport
Que tu m'appelles Larronnesse :
Je faictz a Dieu veu et promesse
Que je te renonce a jamais.

CALBAIN.

A taisez vous, mamye, paix, paix.
Je cognois bien que cest ma faulte ;
Mais jay la teste ung peu trop chaulde.
Suportez mes conditions.
Mais sans plus de temptations:
Qui la prinse, vous ne l'avez pas.
Mais quand je regarde mon cas,
Ou la pourray je bien avoir mise ?

Enfin le mari reconnait à part soi qu'il a eu tort de tout
refuser à sa femme, et qu'il ne s'exposera plus à être volé.

Je puis estre envers Dieu infame
Se jamais je me fie à femme,
Car ce n'est qu'altercation.
Or pour toute conclusion,
Tel trompe au loing qui est trompé ;
Trompeurs sont de trompeurs trompéz ;

Adieu trompeurs, adieu Messieurs,
Excusez le trompeur et sa femme.

FINIS.

Cy finist la farce de Calbain, nouvellement imprimée à Lyon en la maison de feu Barnabé Chaussard, près nostre Dame de Confort. MDXLVIII.

N° 34.

*Farce nouvelle à quatre personnages : Cestassavoir le Cousturier,
Esopet, le Gentilhomme et la Chambrière* (¹).

Le cousturier (tailleur) se plaint que la besogne va mal ;
Esopet son garçon, lui dit que :

> Cest pour cause que a la facon
> Du temps présent rien vous ne faictes.

De son côté, le gentilhomme dit à la chambrière qu'elle doit
se faire des habits neufs, afin de se marier le plus tôt possible,
et il lui fait cadeau de diverses étoffes. Elle va ordonner au
couturier de lui prendre la mesure, et, pour qu'il soit plus
prompt, elle lui porte une perdrix et une cuisse de chapon
gras. Esopet vient chercher les étoffes, et la chambrière lui
dit qu'elle a recommandé à son maître de partager avec lui les
mets qu'elle lui avait portés, mais que celui-ci a juré qu'Esopet
avait le plus grand dégoût pour la venaison.

Esopet promet de se venger de ce tour que lui a joué son
maître.

Le gentilhomme, qui entre en ce moment, demande si le
tailleur est un bon ouvrier. Le meilleur du monde, répond le
garçon, c'est dommage seulement que parfois il tombe dans
une sorte de rage, dont il n'est guéri que si on le bat bien fort.
Esopet retourne chez lui avec les étoffes, et peu après, le
gentilhomme et la chambrière se rendent aussi chez le tailleur,
pour donner leurs ordres.

(¹) Quatre feuillets. Cinquante-neuf lignes par page.

Esopet ayant caché la craie et les ciseaux, le maître s'impatiente à chercher, et, comme il frappe sur l'établis avec colère, le gentilhomme, qui a été prévenu que c'est là le symptôme de l'accès de la maladie, le saisit et le bat d'importance, aidé par la chambrière. Le tailleur étonné crie et demande pourquoi on le maltraite ainsi ; le gentilhomme s'explique, et on s'aperçoit qu'Esopet a voulu jouer un tour à son maître. Le coupable avoue qu'il a cherché à se venger, parce que son maître avait mangé tout seul la perdrix et la cuisse de chapon.

LE GENTILHOMME.

Il a esté bien battu touttefoys.

ESOPET.

Je n'en puis mais ; s'il m'eust gardé ma part
De la perdrix, deux morceaulx ou trois
Sans la manger toute, comme un drongart.

LE COUSTURIER.

Ha que tu est un faulx maistre paillart !
Je te tiendray une foys la falace.

ESOPET.

C'est tien, pour tien.

LE GENTILHOMME.

      Icy y a regard,
Fay a aultruy ce que veulx qu'on te face.

LE COUSTURIER.

Par bieu, par bieu, si tu viens en place,
Il t'en sera rendu maint coup de barre
Dessus ton dos.

LE GENTILHOMME.

Ne me chault quoy quon lui brasse.
Prenez en gré de la petite farce.
Cest Esopet le somuliste de Navarre (¹).

FIN.

(¹) Il nous a été impossible de trouver l'explication de cette expression.

N° 35.

*Farce nouvelle, très bonne et fort joyeuse, à troys personnages :
Cestassavoir Maistre Mimin le Gouteux, son valet Richard le
Pele sourd et le Chaussetier* (¹).

———

Le gouteux qui souffre de vives douleurs, dit à son valet
d'aller chercher le médecin, mais celui-ci étant sourd, répond
tout de travers aux propos de son maitre.

> Monsieur, quant la grappe fut meure
> Incontinent lon vendengea ;
> Gargantua beut et mengea
> A son desjeuner seullement,
> Douze vingt miches de fourment,
> Ung beuf, deux moutons et ung veau,
> Et si a mis du vin nouveau
> A deux petis traictz dans sa trippe,
> Deux poinçons avec une pipe,
> En attendant qu'on deust disner.
> . . . .

Ces quiproquos continuent entre le maitre et le domestique,
qui sort enfin pour chercher le curé. En route, il demande à
un chaussetier, par où il doit prendre, mais aussi sourd que
son interlocuteur, le chaussetier croit qu'on a besoin de ses
services. Malgré tout ce que lui dit le valet, il le suit chez
son maître, et veut à toute force lui prendre la mesure d'une
paire de souliers; le maitre se débat et tempète, et la farce
(si farce il y a) finit.

(¹) Quatre feuillets. Sans indication. Quarante-six lignes à la page.

N° 36.

Farce nouvelle dung ramoneur de cheminées fort joyeuse. Nouvellement imprimée. A quatre personnaiges: Cestassavoir le Ramoneur,
le Varlet, la Femme et la Voysine (¹).

La pièce commence par un dialogue entre un ramoneur et
son valet, sur ce qu'on ne trouve plus rien à faire. Fréquents
jeux de mots sur *ramoner les cheminées*.

Rentrés chez eux, ils trouvent la femme qui gronde et se
plaint de son mari. Une voisine entre. Les plaintes recom-
mencent (²).

LA FEMME.

Il est mort, cest a dire au monde,
Comme un chartreux ou reclus.

LA VOYSINE.

Comment?

LA FEMME.

Il ne ramonne plus,
Non plus qu'ung enfant nouveau né.

(¹) Six feuillets. Deux gravures sur bois au titre. Sans indication. Quarante-six lignes par page.

(²) Il existe une comédie de Villiers, les *Ramoneurs,* comédie en un acte,
en vers, dédiée au mieux intentionné. Paris, Charles de Serey, 1662.

En 1620, on représenta à l'hôtel de Bourgogne, une comédie des *Ramoneurs,*
très-libre (*voir* Parfaict, *Histoire du Théâtre français*, t. 4, p. 335). Une
copie manuscrite de cette pièce s'est vendue fr. 59-50 à la vente Soleinne,
n° 1016. Duverdier attribue à G. Le Breton, une comédie intitulée *le Ramoneur*.

LE RAMONNEUR.

Ramonner, cest bien ramonné !
Il n'est homme qui ne s'en lasse,
De ramonner si longue espasse,
Que j'ay faict, ne par tant d'ans ;
Il y a plus de soyxante ans
Que le mestier je commencay.

LA VOYSINE.

Vous n'en pouvez plus.

LE RAMONNEUR.

        Je ne scay,
Ma femme me le dit ainsi.

LA FEMME.

Je le scay par ma cheminée
Qui souloit estre ramonnée
Tous les jours bien cinq ou six foys,
Mais il y a bien troys moys
Voysine, quil ny voulut penser.

LE RAMONNEUR.

Cest toujours a recommencer,
Qui fourniroit au residu,
Il vauldroit mieulx estre pendu,
Ou estre mis en gallée.

LA VOYSINE.

Vostre peau sera gallée
Ou vous ferez vostre debvoir.

LA FEMME.

Voysine, vous pouvez scavoir
Qu'il ne fera jamais grand fais.
. . . .
. . . .

LE RAMONNEUR.

Ma gaulle ploye
Si tost que louvrage regarde.
Pour Dieu, Messieurs, prenez garde,
Qui vous meslez de ramonner,
Qu'a ramonner point on ne tarde
Les cheminées qui ont mestier ;
Et pour la course abréger,
Et aussi qu'il vous ennuye
Il est temps de nous en aller.
Adieu toute la compagnie.

Cy fine la farce du ramonneur de cheminées.

Nº 37.

Sermon joyeux et de grande value
A tous les foulx qui sont dessoubs la nue,
Pour leur montrer à saiges devenir,
Moyennant ce, que le temps advenir
Tous sotz tiendront mon conseil et doctrine
Puis cognoistront clerement sans urine,
Que le monde pour sages les tiendra,
Quant ils auront de quoy, notez cela (¹).

Icy commence le sermoneur et dit :

In nomine Bacchi et Ciphi atque sancti Doli. Amen.
Ve qui sapientis esti in oculis vestris. Hæc verba Esaye originaliter, quinto capitulo scribuntur, et recitative ad nostre collationis fundamentaliter exordium assumuntur.

. . . .
. . . .

Affin que je ne soys confus,
En mes paroles je conclus
Que troys parties nous ferons.
In prima parte conclurons
Qualitate fatuorum.
Pro secundo nous parlerons
De quantite stultorum,
Immo pro tertia parte
Ut nostrâ reperitur in arte,

(¹) Après ce long titre, il y a une gravure sur bois. Six feuillets. Quarantesept lignes à la page.

De modo eorum vivendi.

. . . .

Les plus sotz et enragéz foulx
Qui soyent au monde sont jaloux,
Qu'en dictes vous, mes seigneurs.

. . . .

Helas povres sotz malostrus
N'estes vous pas bien folles testes
De vouloir garder telles bestes.
Noté les ditz, et retien les,
Que dit le saige Socrates ·

In animalibus bis foratis in visceribus bassis, non est adhibenda fides.

. . . .

D'aultre part c'est grande folye
A homme davoir jalousye
De chose ou n'a aulcun dommage.
Quel desplaisir te faict un personnaige,
S'il te croist ou eslargist tes biens ?
Femme a cul, con, et ses membres sont siens,
Et me semble par loy esquise
Qu'elle en peult bien faire en sa guise ;
Vous en aurez la belle loy
En vostre droit qui en dit le vray.

Quilibet est moderator clericus vel laborator et arbiter rei sue. L. in re mandata. Codice mandati.

. . . .

Or sus donc nouveaux mariéz,
Levez vos cueurs et entendéz
Voyla là, contre une paroy
Ung pertuys, tu y mes le doy,
Et l'aultre vient qui luy boute,
Ou cinq ou six tout d'une route.
Et par ta foy n'est tu pas beste
De t'en rompre ainsi la teste.

Si le pertuis ils emportoyent,
Je dys que bien se forseroyent.
Mais il demeure en son entier,
Et si en venoit un milier,
Ja pour ce n'en amoindrira.
Or escoute ung petit cela
Qui est escript en beau decret
En la glose tout en secret.

Mulier non dicitur meretrix nisi ipsa receperit viginti tria millia hominum. Glosa in capitulo vidua, distinctione trigesima quarta.

.   .   .   .
.   .   .   .

Or ça pro secunda parte
Je trouve de quantitate
Que numerus stultorum est infinitus.
.   .   .   .

Les Lombars selon leurs usages
Sont foulx par force destre saigés,
Les Almans sont au contraire,
Ils sont foulx par force de boyre,
Mais qu'ils ayent bien mouillés la gorge
Ils sont vaillans comme sainct George.
Des Bourguinons la grant folye
Qui disoient leur Duc estre en vie ;
Les Picquars ils sont trop eureux,
Et que sont-ils foulx amoureux,
Si une chievre portoit coiffete
Ils en feroient leur amyete.
Foulx de Paris sont si grant nombre
Que aux aultres foulx portent encombre ;
Foulx Normans rient des oreilles,
Atant que cest grandes merveilles,
Après viennent les foulx Bretons,
A cent miliers et milions.
S'ils sont saiges cest aventure,
Car ils sont tous foulx de nature.

Touchant de ses sots Angevins
Ils ne sont foulx que de leurs vins,
Car Jehan des vignes qui est tant beau
Incontinent leur gaste le cerveau ;
Foulx Poytevins et Lymosins,
Se sont sotz ruséz et bien fins,
Car eulx le fol contrefaisant,
Ils mordent les gens en riant.
Leur language les rend robustes,
Mais plus fins sont que tu ne cuydes.
. . . .
Ergo donc je conclus icy,
Le nombre des foulx infini.
. . . .
Voyre, mais beau pere,
Dictes nous que pourrons faire
Pour estre saiges ;
Je vous diray
Et a tous foulx enseigneray
Comme ils seront les bien venus
Partout, et pour saiges tenus.
Or ça, voicy que vous ferez :
Ung chascun jour amasserez,
Tant que pourrez or et argent,
Et puis vous serez saiges gent,
Qui n'a d'argent on le tient foul,
Et saige est qui en a son saoul.
Quant tu auras dargent grant somme
Tu seras tenu pour saige homme.

Servit aut imperat pecunia collecta unicuique. Oratius in Epistolis.

. . . .

Fin du sermon des foulx, imprimé nouvellement à Lyon en la mayson de feu Barnabe Chaussard, près nostre Dame de Confort.

N° 38.

Sottie nouvelle à six personnaiges : Cestassavoir le Roi des Sotz, Triboulet, Mitoufflet, Sottinet, Coquibus, Guippellin (¹).

Le roi des sots convoque tous ses sujets, et les personnages débitent tant de véritables sottises, sans aucun sel, que ce n'est pas la peine d'analyser.

(¹) Six feuillets. Sans indication. Quarante-six lignes à la page.

N° 39.

Sottie nouvelle à cinq personnaiges. Des Trompeurs. Cestassavoir
Sottie. Teste Verte. Fine Mine. Chascun et le Temps (¹).

———

A trompeur trompeur et demy.

Sottie commence :

> Sotz triumphans, sotz bruyants, sots parfaictz,
> Sotz glorieulx, sotz sur sotz autentiques,
> Sotz assottéz, sotz par dictz et parfaictz
> Sotz enforcéz, sotz nouveaulx et antiques
> Sotz assottez, sotz laitz, sotz ecclésiastiques
> Sotz advenans, sotz mignons, sotz poupars,
> Sotz enraigez, hors de sens, fantastiques,
> Venez avant, saillez de toutes pars.

. . . .

Même observation que ci-dessus.

(¹) Six feuillets. Sans indication de ville, ni d'imprimeur. Quarante-six lignes à la page.

Nº 40.

*Farce nouvelle très bonne de Folle Bobance, à quatre personnaiges :
Cestassavoir, le premier fol Gentilhomme, le second fol Marchant
et le tiers fol Laboureur* (¹).

Folle Bobance commence :

> Ou estes vous tous, mes folz affolléz,
> Sortez trestous, et me venez voir.
> Et quesse cy, n'oyez vous point ma voix
> Despechez vous, bien tost icy affolléz.
> . . . .

FOL MARCHAND.

A vous viens, Bobance jolie
Pour vous servir et hault et bas ;
Car sans avoir melencolie
A bobancer souvent m'esbas.

FOL LABOUREUR.

J'ay lisséz mes bœufs et mes bas,
Ma charrue, mon labouraige,
Pour servir Bobance et esbas,
De labourer n'ay plus couraige.

FOL GENTILHOMME.

Bobance, je vous fais hommaige,
Pour vous servir à vostre guise.

FOL MARCHAND.

Et moy aussi, en brief langaige
Plus ne veulx faire marchandise.

(¹) Huit feuillets. Sans indication.

FOLLE BOBANCE.

Puisque voulez a ma devise
De cueur me servir loyaulment,
Changer vous fault robe et chemise
Et vous habiller gourrièrement.
Prenez cest riche habillement
Pour ennoblir vostre personne,
Mais premier fault le payement,
Car telz habis point on ne donne.

FOL LABOUREUR.

Puisque je deviendray noble homme,
Tenez cy cent ducas tous neufs,
Je receu hier ceste somme
De vingt porceaux et de xx beufz.

FOLLE BOBANCE.

Il fault bien que les aultres deux
Mettent main a la gibassière;
Pas ne fault estre paresseux
Qui veut tenir Bobance fière.

FOL GENTILHOMME.

Bobance, ma dame tres chière
J'engagis hier un chasteau;
Contez là, par bonne manière,
Vela l'argent de ce manteau,
Et si vela ung bon anneau,
Dung fin dyament tres cler et net.
Prenez le, car il est bien beau,
En changement de ce bonnet.

FOL MARCHANT.

Puisque mon corps est a souhait,
Vestu a la guise bobance,
Cent escus luy donne dehait,

Contez là, vela ma chevance.

. . . .

Bombance commence par leur donner toute espèce de conseils pour qu'ils deviennent ses fidèles sujets, et les trois personnages trouvant ces conseils admirables, s'empressent de les suivre.

BOBANCE.

> Contrefaictes gourriers de court,
> Se me voulez bien maintenir,
> A tant le gentil que le bourt,
> Chascun peult Bobance tenir,
> Et si debvez entretenir
> Jeunes dames, jeunes pucelles,
> Pour vostre honneur mieulx soustenir.
> Estre tres fort amoureux d'elles,
> En babillant bourdes nouvelles,
> Coulant la main soubz la sainture,
> Tatant cuisses, genoulx, mamelles,
> Pour leur faire esmouvoir nature,
> Et forger quelque creature,
> Promettant bagues et anneaux,
> Et vous aurez bonne adventure,
> En amours, se estes loyaulx.

. . . .

Enfin nos trois compagnons suivent si bien ces avis, qu'ils sont bientôt entièrement ruinés. Alors ils viennent se plaindre, et demander à Bobance de les tirer d'affaire. Celle-ci répond :

> Galans, mal l'avez entendu ;
> Qui plus hault monte qu'il ne doibt
> Quant ung fol homme a tout perdu,
> Tantost chascun le montre au doigt.

Là dessus, grande colère du gentilhomme, du marchand

et du laboureur. Injures à leur mauvaise conseillière qui joint l'ironie à leur châtiment :

> Je vous meneray, vaille que vaille,
> Dans le chasteau de povreté.
> Là vivrez en mendicité,
> Jusqu'a la fin de vos jours.

Enfin Bobance prend congé des spectateurs, en leur adressant ces mots :

> Pourtant, seigneurs, chascun y pense,
> Qui prent de moy gouvernement,
> Rantes luy fault, ou grant chevance.
> Prenez en gré l'esbatement.

CY FINE FOLLE BOBANCE.

Cette farce, dans laquelle on rencontre beaucoup de détails sur les mœurs, les usages, les habillements de l'époque, a de la verve et de la facilité. On peut la lire d'un bout à l'autre, sans éprouver le moindre ennui, non comme pièce dramatique, car l'action est nulle, mais comme satire dialoguée.

Nᵒ 41.

Farce joyeuse très bonne à deux personnaiges, du Gaudisseur qui se vante de ses faicts, et ung sot qui lui respond au contraire : Cestassavoir le Gaudisseur et le Sot (¹).

LE GAUDISSEUR.

Je suis legier comme une plume
Et faict comme un esmerillon.

LE SOT.

Il est legier comme ung enclume
Et faict comme ung corbillon.

LE GAUDISSEUR.

Jay esté en Hierusalem
En la terre de prebstre Jehan (²),
En Babiloyne, en Albanie.

LE SOT.

Et il a faict son sanglant mal an ;
Il ne fust oncques, par sainct Jehan,
Plus loing dune lieue et demye.

(¹) Gravure sur bois au titre. Quatre feuillets. Sans indication. Quarante-six lignes par page.

(²) M. Jubinal annonce, dans son édition de Rutebeuf, avoir l'intention de publier, sur le prêtre Jehan, une dissertation spéciale. *Voir* le savant travail de d'Avezac, pp. 147-168 de la *Relation des Mogols*, par JEAN DE PLAN DU CARPIN. Paris, 1838, in-4º, et les ouvrages qu'indique Grüsse (*Lehrbuch einer literärgeschichte*, 2ᵈᵉ division, t. 2, p. 767, 1842.)

Le dialogue continue ainsi jusqu'à la fin, et la farce se termine par :

Adieu toute la compagnie.

FINIS.

Dans presque toutes les langues de l'Europe, il y a des dialogues de ce genre, généralement connus sous le titre de *Dialogue de Salomon et Marcon*, de *Salomon et Saturne*, etc., et les sujets traités dans ces dialogues en antithèses, embrassent depuis la théosophie mystique jusqu'à la piperie *de Meretricibus*.

M. John Kemble a publié, sur cette matière, un travail des plus curieux, en 1847, pour l'*Ælfric Society* de Londres.

Ce savant philologue rappelle dans ce volume de 326 pages, presque toutes les versions connues de ce poème satyrique, en remontant jusqu'aux Hébreux, et il en donne ensuite un texte anglo-saxon, la forme la plus ancienne qui nous en reste.

Nº 42.

Farce nouvelle. très bonne et fort récréative pour rire : des cris de Paris. A trois personnaiges : Cestassavoir le premier Galant, le second Galant et le Sot (¹).

Les deux galands s'entretiennent des inconvénients du mariage, et le sot vient les interrompre en criant tantôt des épinars, tantôt des pâtés chauds, des bourrées, des oranges, etc., de manière toutefois que ces divers cris s'appliquent chaque fois aux dernières paroles de l'interlocuteur interrompu. Enfin, on interroge le sot qui répond par des coq-à-l'âne et des jeux d'esprit.

« Cy fine la farce des cris de Paris. Imprimé nouvellement à » Lyon, en la maison de feu Barnabé Chaussard, près nostre » Dame de Confort. MDXLVIII. »

(¹) Gravure sur Lois, au bas du titre. Huit feuillets. Quarante-cinq lignes à la page.

N° 43.

Farce nouvelle du Franc Archier de Baignolet. Imprimé nouvellement à Paris [1].

Il corne à un cornet :

> Cest a meshuy jay beau corner ;
> Or ça, il men fault retourner,
> Malgré mes dents, en ma maison.
> Si ne vis je pieça saison
> Ou j'eusse si hardi courage
> Que jay ; par mon serment, j'enrage
> Que je n'ay a qui me combattre.

> . . . .

Notre faux brave commence à se vanter de ses prouesses supposées, tout en avouant la frayeur qu'il eut un jour ou il faillit être égorgé par un prisonnier anglais qu'il fit à la bataille d'Alençon, et auquel il finit par demander merci.

L'archer est interrompu par le chant d'un coq.

> Cy dit un quidam
> Coquelicot !
> Quesse cy, j'ay ouy poullaille
> Chanter cheuz quelque bonne vieille,
> Il convient que je la reveille.

> . . . .

L'archer reprend bientôt le récit de ses hauts faits d'armes :

[1] Gravure sur bois, du Franc Archier, au bas du titre. Quatre feuillets. Sans indication. Cinquante-sept lignes par page.

Les dames de dedans la place
Ne craignoient fors que le couillart.
Par Dieu, jestois bien paillart,
J'en avoye un si portatif !
Et se eusse esté si hastif
De mettre le feu a la poudre
Jeusse destruit et mis comme fouldre
Tout ce qu'il y avoit de damoiselles.
Il porte deux pierres jumelles
Mon couillart, jamais n'en a mains.
Et dames de joindre les mains
Quant elles virent livrer l'assault.

. . . .

Et quant je y pense, par mon serment,
Cest belle guerre, que de femmes.
J'avoye toujours pitié des dames,
Car veu qu'un courtault passe un mur,
Elles auroient le ventre bien dur,
S'il ne passoit oultre ; pensez,
On leur eust fait de mal assez
Si on neust eu noble courage.

. . . .

Il doit y avoir sur la scène, dit une note du texte, un *espou-vantail de Chaneviere en facon d'un arbalestrier, croix blanche devant et croix noire derriere.* Notre héros prend cet épou-vantail pour un ennemi, et avant de s'assurer de la chose, il s'écrie :

Il est fait de toy ceste foys,
Perrenet, cest un party contraire,
Ha, monseigneur, voulez vous traire,
Vous ne scavez pas que vous faictes.
Je suis Breton, se vous lestes.
Vive sainct Denis, ou sainct Yve,
Il ne m'en chault, mais que je vive !

. . . .

Il rend successivement toutes les pièces de son accoutrement à ce paillasson, puis il demande le temps nécessaire pour se confesser, avant de mourir. Pendant qu'il prouve qu'il n'a jamais contrevenu à aucun des commandements de Dieu, l'épouvantail tombe à terre. L'archer s'empresse de s'excuser, dit qu'il n'est pas cause de la chute, et tend la main pour aider le prétendu ennemi à se relever. Alors il s'apercevoit de sa méprise, et il emporte l'épouvantail en disant :

> Je vous emporteray pour gage ;
> Au moins ce sera mon butin,
> Que j'apporte de la guerre.
>
> . . . .

Nº 44.

Farce joyeuse de Maistre Mimin. A six personnages. Cestassavoir le Maistre descolle. Maistre Mimin, étudiant. Raulet son père. Lubine sa mère. Raoul Machue, et la Bru maistre Mimin (¹).

Raulet commence (²) :

> Lubine, hau, ouy des bon jour,
> Ne craignez vous point ceste mai ;
> Dou venez vous.

LUBINE.

> Je viens du four,
> Scavoir se nous cuyrons demain ;
> Chascun si nest pas aussi sain
> Que vous.

RAULET.

> Vous en dictes de belles.
> Comment avez vous mal au sain ,
> Vous deullent encor les mamelles.

LUBINE.

> Il y a terribles nouvelles
> De vostre fils.

RAULET.

> Mais touteffois
> Et qu'elles sont ils ?

(¹) Six feuillets. Sans date, nom de lieu, ni d'imprimeur. Cinquante-huit lignes à la page.

(²) Nous avons cru devoir transcrire cette farce presqu'en entier, à cause des nombreux passages macaroniques qu'elle renferme , véritable trouvaille pour ceux qui s'occupent de ce genre.

LUBINE.

Ils sont telles
Qu'il ne parle plus françoys.
Son maistre l'a mis a ces loix ;
Il si est fourré si avant
Qu'on n'entend non plus que ung angloys
Ce qu'il dit.

RAULET.

A Dieu me command !
Et que ferons nous, Dieu devant.

LUBINE.

Qu'on en fera? bon gré, mon péché.
Vous savez qu'il est fiancé
De la fille de Raoul Machue ;
Plus belle n'y a en sa rue ,
Ne qui aux festes mieulx sestrique.

RAULET.

Cestoit pour le mettre en praticque
Que je l'ay tenu a l'escolle.

LUBINE.

Mais cestoit affin qu'il affolle,
Ne scavoit il pas tous ces livres
Qui nous ont cousté deux cens livres.
Jay ouy dire a maistre Mengin
Quil avoit le plus bel engin
Que jamais enfant peult porter ;
Il ne s'en fault que rapporter
A son nez, voyla qui l'enseigne.

RAULET.

Qui ne parle plus, je m'en seigne
(Icy fait le signe de la croix.)

Mot de francoys, cest un fort point.
La fille ne lentendra point,
Quand ils deviseront ensemble.

LUBINE.

Helas non, parquoy il me semble
Que nous allisson a lescolle,
Pour veoir sil est en cest cole ;
Car pensez que plus y sera,
Que si grand latin parlera
Que les chiens n'y entendrons rien.

RAULET.

Lubine vous dictes tres bien.
Mais il fault prendre en passant
Raoul Machue et son enfant,
La fiancée de nostre fils ,
Car je croy en un mot prefix
Qu'il parlera francoys a elle.

LUBINE.

Et par le peulx de ma cotelle,
Vous m'avez toute resjouye
Quand j'ay ceste parolle ouye.
Or allons donc legièrement.

RAULET.

Nous y serons presentement,
Il ny a que un petit juppet.

LUBINE *hue.*

Hou, hou, cheminez bauldement
Nous y serons presentement.

RAOUL MACHUE.

Mais quesse que jos

LA FIANCÉE.

Seurement,
Cest Lubine ; hou, hou.

RAOUL MACHUE.

Avant pipet.

RAULET.

Nous y serons presentement,
Il n'y a que un petit juppet,
Desbon nuyt hay.

RAOUL MACHUE.

Dieu gard Raulet ,
Mon frere, avec ma seur Lubine.

RAULET.

Et approuchez vous sil vous plaist

LUBINE.

Desbon nuyt hay.

RAOUL MACHUE.

Dieu gard' Raulet.

RAULET.

Que fait la fille ?

RAOUL MACHUE.

El boult du lait.

LA FIANCÉE.

Jay fait , jay fait.

LUBINE.

Ça, ça, ma Godine.

RAULET.

Desbon nuyt hay.

RAOUL MACHUE.

Dieu gard Raulet,
Mon frere avec ma seur Lubine.
Mon Dieu et qui vous achemine ?
Cest grand nouveaulté de vous veoir.

LUBINE.

Helas, Dieu y vueille pourveoir.

RAOUL MACHUE.

Qui a il ?

RAULET.

Ce nest pas grand chose.
Mais tirons nous à part, je n'ose
En parler devant vostre fille.

RAOUL MACHUE.

Comment, est le feu en la ville
Ou maistre Mimin trespassé ?

RAULET.

Voicy tout, nous avons cessé
De le tenir au Pidagogue,
Pour le faire un grand astrilogue,
Et un maistre praticien,
Affin qu'il gardast mieulx le sien,
Qu'il peust susciter de nous deux.
Mais nous en sommes pou joyeulx,
Car il a tant prins et comprins,
Aprins, reprins et entreprins
Et un grand latin publié,
Qu'il a le francoys oublié,
Tant qu'il n'en scauroit dire mot ;
Si me semble que le plustost

Que pourrons aller et courir,
Qu'il nous le fault aller quérir,
Affin que l'en y remedie.

RAOUL MACHUE.

Et dictes vous qu'il estudie
En ce point si fort et si ferme,
C'est danger qu'il ne fasse un cherme
Pour faire venir l'ennemy.

LUBINE.

Allons ensemble, mon amy,
Le querir affin qu'on le voye.

RAOUL MACHUE.

Or sus donc, mettons nous en voye
Vistement, il n'y a que aller.
Habille toy, feras livraye

RAULET.

Or sus donc, mettons nous en voye.

LUBINE.

Cuidez vous qu'il aura de joye
De la veoir ?

RAULET.

Tant en parler,
Or sus donc, mettons nous en voye,
Vistement, il ny a que aller.

RAOUL MACHUE.

Mais d'ou viens tu de flagoller ?
Menez la par la main, Lubine.

LA BRUE.

Je viens de querir ma poupine

Que maistre Mimin mon amant
Me donna.

LUBINE.

C'est entendement.
Regardez que cest que daymer.

LE MAGISTER.

Que tu ne me faces blasmer.
Aussi que j'ay de toy honneur,
Et que une foys tu soys seigneur,
Maistre Mimin, apprends et lis ;
Responde quod librum legis ,
En francoys.

MAISTRE MIMIN.

Ego non, sire,
Franchoyson jamais parlare,
Car ego oubliaverunt.

LE MAGISTER.

Jamais je ne vys aussi prompt,
Ne destudier si ardant.
Sans cesse il est regardant
Toujours en sentence ou ypistre.
Or me cherche ou est le chapitre,
Cest une science parfonde
Des avantureux qui du monde
Prennent ce qu'ilz en peuvent avoir ,
Car puisqu'il le fault scavoir,
Je te feray un si grand homme
Que tous les clercs qui sont a Rome,
Et a Paris et a Pavie ,
Si auront dessus toy envie,
Pour ce que tu scauras plus qu'eulx.

(¹) Le spectateur doit se supposer dans la maison du magister, où vont
bientot arriver les acteurs que nous connaissons déjà.

13

MAISTRE MIMIN *lyt :*

Mundo variabilius
Avanturosus hapare
Bonibus, et non gaignare,
Non durabo certanibus,
Et non emportabilibus.
Qui bien faictas, au partire
Capitulorum huyctare
Dicatur.

LE MAGISTER.

Voila de grands mots,
Maist dieux, telz gens ne sont pas sotz
Qui parlent ainsy haultement.
Dun mot n'en ment pas seullement,
Et tout de luy, sans riens piller ;
Que ce sera un grand pillier,
Une foys dedans ce royaulme.
Or m'allez chercher le pseaulme
Pourquoy le monde et son honneur
Ne pend qu'a un fil.

MAISTRE MIMIN *lyt :*

A gaudeno

In capitro tertialy
Pendaverunt esse paly,
Mondibus ei honorandus
A un petitum filetus,
Vivabit soubz avantura,
Mantellus in couvertura
Remportaverunt bonorum.

LE MAGISTER.

Tenez quel maistre Aliborum (¹) ;

______

(¹) Il existe une ancienne facétie en vers : *Maistre Aliborum qui de tout se mesle et scait faire tous mestiers et de tout rien.* Elle est attribuée à Pierre Gringore ; on en connait trois éditions fort rares. Elle a été réimprimée dans la seconde livraison de la collection de poésies, romans, etc. (Silvestre 1838.)

Comment il fait ce latin trembler ;
Et pert qu'il ne scauroit troubler
L'eaue a le veoir.

RAULET.

Là, nous y sommes.

LUBINE.

Allez devant, entre vous hommes,
Et nous vous suyverons moy et elle.
Faictes bien la sage, ma belle.

LA BRU.

Regardez la faisge pas bien ?

RAULET.

Vous yrez la devant.

RAOUL MACHUE.

Rien, rien.
Toujours le pere de lenfant
Va devant.

RAULET.

Venez.

RAOUL MACHUE.

Ennement :
C'est a vous a aller.

LA BRU.

Sus, sus,
Et que feroient les femmes plus,
Comme vous faictes les retis.

RAULET.

Dieu gard magister, et mon filz.
Comme vous portez vous ?

MAISTRE MIMIN.

Bene.

LE MAGISTER.

Salve tes parens, domine,
En francoys.

MAISTRE MIMIN.

Ego non sira.
Parus, merus, Raoul Machua,
Filla, douchetus poupinis
Donnare a mariaris
Salvare compagnia.

RAULET.

Nous n'entendons rien a cela.

LE MAGISTER.

Et il vous salue, mes amys.

MAISTRE MIMIN.

Patrius, Merius, Raoul Machua,
Filla, douchetus poupinis.

LUBINE.

Parlez francoys, parlez quia.

MAISTRE MIMIN.

Quia, latina parlaris.

LA BRU.

Mon père, sur ma foy je ris
De le ouyr.

RAULET.

Il scait beaucoup dea.

MAISTRE MIMIN.

Patris, Merius, Raoul Machua,

Filla, douchetus poupinis
Donnare a mariaris
Salvare compagnia.

LUBINE.

Et ça, de par sa mère, ça
Levez vous, vous estes trop sage.

RAULET.

As-tu oublié le langage
Que ta mère si t'a apprins
Et parle si bien.

LE MAGISTER.

   Sans mesprins,
Il semble qu'il ayt l'engin rude,
Mais il brusle et art en l'estude,
Et parle aucunes foys si hault,
Que mon sens et le sien y fault.
J'affolle quand il m'en souvient.

LUBINE.

On scet bien d'ou cela luy vient.
Ils sont des maistres si pervers
Qui batent leurs clercs pour un vers,
Vous lavez trop tenu soubz verge,
Vous ne l'aurez plus.

LE MAGISTER.

    Et qui pers je ?
Me baillez vous cest entremetz.

RAULET.

Le magister n'en peult mais ;
Il a fait le mieulx qu'il a peu.

MAISTRE MIMIN.

Aprenatis carismedes.

RAOUL MACHUE.

Le magister n'en peult mais.

LUBINE.

Parleras tu francoys jamais.
Au moins dy un mot, joletru.

LA FIANCÉE.

Le magister n'en peult mais,
Il a fait le mieulx qu'il a peu.

LUBINE.

Au moins baise la, entens tu ?
Tant tu seais peu dhonneur.

MAISTRE MIMIN *la baise.*

Baisas,
Couchaverunt a neuchias,
Maistre Miminus amitus,
Sa fama tantost maritus
Facere petit enfanchon.

RAULET.

Le gibet y ait part au laton.
Magister, que veult il dire ?

LE MAGISTER.

Cest une fantaisie pour rire,
Les mots sentent un peu la chair.

RAOUL MACHUE.

Et dit.

LE MAGISTER.

Qu'il voudroit bien coucher
Avecq la fille en un lit,
Comme faict un homme la nuict

Première, et estre, Dieu devant ,
Avecq sa femme.

RAULET.

  · Quel galand.

LUBINE.

Il a le cueur a la cuysine.

RAOUL MACHUE.

Vous esbahissez vous, Lubine,
Maist dieux, quand j'estoye de son aage
Et je trouvoye mon advantage,
Incontinent sur pied, sur bille,
Cestoit.

RAULET.

      Parlez bas pour la fille,
Ils sont maintenant si enclines ,
Les paroles seroient bien fines
Qu'ils n'entendissent en deux motz.
Or parlons, laissons ce propos.
Magister, vous nous avez dit
Que nostre fils sans contredit
Scait plus que vous, c'est la parolle,
Vous viendrez donc a son escolle ,
Votre foys, car il s'en viendra
Quand et nous.

LE MAGISTER.

          A moy ne tiendra.
Je iray voluntiers pour l'induire
Et veoir s'on le pourra séduire
A parler francoys nullement.

RAULET.

Scait-il plus chanter voirement,
Pour nous rejouyr en allant ?

RAOUL MACHUE.

La fille chante bien vrayement ,

LA BRU.

Scait-il plus chanter voirement ?

LE MAGISTER.

Si fait, si.

LUBINE.

Allons baudement.
Sus, prenez la fille, galand.

RAOUL MACHUE.

Scait-il plus chanter voirement
Pour nous resjouyr en allant ?

LE MAGISTER.

Il fait rage.

RAULET.

Chantez avant.
(*Ils chantent quelques chansons à plaisir.*)

RAULET.

Cest assez, il nous fault parfaire.
Ça , maistre qu'est il de faire,
Pour le rebouter en nature
De parler francoys.

LE MAGISTER.

Sa lecture.
L'a mis au point en quoy il est,
Et de le laisser tout seulet
Ce seroit un tres grand danger,
Parquoy ne le fault estranger

Qu'il ne soit jour et nuyt veillé,
Et s'il dort, qu'il soit reveillé,
Et qu'il n'ayt livre ne livret,
Car cela du tout l'enuyroit
Et luy troubloit l'entendement.

LUBINE.

Rien ; nous ferons autrement
Pour luy raprendre son langage ;
Nous le mettrons en une cage ;
On y aprend bien les oyseaulx
A parler.

RAULET.

Les mots sont tres beaulx.

RAOUL MACHUE.

C'est un tres bon avis, Lubine.

LA FIANCÉE.

Hé mon Dieu, que vous estes fine.
Vous passez trestous nos voisins.
Dedans nostre cage a poussins
Ny seroit-il pas bien a point ?

RAOUL MACHUE.

Et je croy qu'il n'y pourroit point,
Il est si grand, si espaullu,
Si formé et si potelu,
Que a peine pourroit-il entrer.

LA FIANCÉE.

Attendez, je la vois monstrer.
Mais que sa teste soit dedans,
Son nez, sa bouche avec ses dens.
Laissez aller le cul arriere,
Il suffit.

RAULET.

Et puis hay, quel chere !
N'ayes point de paour, mon varlet,
Moy qui suis ton pere Raulet,
Et magister et Raoul Machue
T'apprendront a parler. Il sue
De paour qu'il a ; cest grand pitié.

MAISTRE MIMIN.

Cageatus emprisonare,
Livras non estudiare,
Et latinus oubliare,
Magister non monstraverunt
Et non recognossaverunt.
Intrologea resurgant.

RAULET.

Que dit-il ?

LE MAGISTER.

Il est si ardant
A estudier, qu'il meurt tout.

LUBINE.

Il faut commencer par un bout.
Or sus, Maistre Mimin, entrez.

RAOUL MACHUE.

Et homme de bien vous montrez,
Et faictes ce qu'on vous conseille.

LUBINE.

Qu'il est sage ! voicy merveille.
Comme il y entre doulcement.

MAISTRE MIMIN.

Anno !

LUBINE.

Il s'est blessé l'oreille.

RAULET.

Qu'il est sage ! voicy merveille.

LE MAGISTER.

C'est une chose non pareille,
Comme il est a commandement !

LUBINE.

Qu'est-il sage ! voicy merveille,
Comme il entre doulcement.

RAULET.

Magister, tout premierement,
Puisqu'en ce point assemblez sommes,
Parlons a luy entre nous hommes.
Il me semble que cest le mieulx.
Or parlez a luy.

LE MAGISTER.

Je le veulx,
Sans donner a aucuns nulz blasmes,
Nos paroles et ceulx des femmes,
Ce sont deux paires de boissons,
Pourceque plus nous cognoissons,
Et portons plus grand consequence.
Dieu t'envoit parfaite éloquence,
En beau francoys, maistre Mimin,
Or parlés.

LA FIANCÉE.

Et non, non.
Femmes ont tousjours le regnom
De parler.

LE MAGISTER.

Trop aucunes foys.

LA FIANCÉE.

Nous avons trop plus doulces voix,
Que ces hommes ; ils sont trop rudes,
Un enfant qui vient des estudes,
Ne se doit point traicter tel voye.

LUBINE.

Et non, non. Or dictes ma joye.

MIMIN *repond comme une femme.*

Ma joye.

LUBINE.

Ma mere, je vous crye mercy.

MAISTRE MIMIN *pleure.*

Ma mere, je vous crye mercy.

LUBINE.

Et mon pere Raulet aussy.

MAISTRE MIMIN.

Et mon pere Raulet aussy.

LUBINE.

Et a mon sire Raoul Machue.

MAISTRE MIMIN.

Et a mon sire Raoul Machue.
Ostez moi, ma mere, je sue,
On ne sens pas ce que je sens.

LUBINE.

N'a il point parlé de bon sens ?
Il n'est doctrine que de nous.

LA FIANCÉE.

Sus, hommes, ou en estes vous ?

Qu'il parlast pour vous, ouy tantost ;
Mais plus en deviendroit il sot.
Or dictes, mamye, ma mignonne.

MAISTRE MIMIN.

Or dictes, ma mye, ma mignonne.

LA BRU.

Mon cueur et mamour je vous donne.

MAISTRE MIMIN.

Mon cueur et mamour je vous donne.

Nous croyons inutile de transcrire les soixante-dix ou douze
vers qui suivent et qui terminent la pièce. La leçon continue ;
Lubine fait siffler et chanter son fils, et les deux autres femmes
concluent en disant qu'il n'y a que le sexe, pour apprendre
quelque chose aux hommes. Mimin finit par emporter sa
fiancée dans ces bras :

Il suffit, il s'en fault aller.
Chantons hault a la bien allée,
Et adieu, vogue la galée.

ILS CHANTENT, ET FIN.

Nº 45.

**Farce nouvelle très bonne et fort joyeuse à troys personnages :
Cestassavoir la Mère, le Fils et l'Examinateur (¹).**

Dialogue monotone et sans esprit entre le fils qui, malgré
son ignorance, veut entrer dans les ordres, la mère qui cherche à le faire passer pour un enfant plein d'esprit, auprès de
l'examinateur, et celui-ci qui fait au fils deux ou trois questions
auxquelles il ne reçoit que de sottes réponses (²).

(¹) Une gravure sur bois au titre, et au-dessous se lisent ces mots : *D'un qui
se fait examiner pour estre prebstre.* Quatre feuillets. Sans indication. Cinquante-sept lignes à la page.

(²) Voir dans la collection de Leroux de Lincy et Francisque Michel, la
farce intitulée : *la Mère, le filz lequel veult estre prebstre et l'examynateur.*

N° 46.

𝕱arce nouvelle très bonne et fort joyeuse, à troys personnaiges, de 𝕻ernet que va à lescolle : 𝕮estassavoir 𝕻ernet, la 𝕸ère, le 𝕸aistre (¹).

C'est exactement le même sujet que le précédent, et traité de la même manière. Il est à remarquer qu'un assez grand nombre de vers sont répétés dans l'une et dans l'autre farce, de sorte que l'on pourrait supposer qu'elles sont écrites par le même auteur qui a essayé deux fois le même sujet. Malheureusement il n'a pas trouvé le moyen d'y mettre plus d'esprit la seconde fois que la première.

(¹) **Deux gravures sur bois, au titre, et une autre à la fin de la pièce. Quatre feuillets. Sans indication. Cinquante-cinq lignes à la page.**

N° 47.

Farce nouvelle à quatre personnaiges : Cestassavoir Colin fils de
Thevot le maire qui vient de Naples et ameine un Turc prisonnier. Thevot le mere (*sic*),
> Colin son fils,
> La Femme,
> Ce Pelerin.

Un juge croit que son fils est allé à la guerre; mais une
fermière vient se plaindre qu'il s'est contenté de jeter le désor-
dre dans les environs, qu'il a tué sa poule et son coq, ravagé
son jardin, etc. Sur ces entrefaites le fils revient, raconte des
prouesses imaginaires, dit avoir arrêté un Turc, qui se trouve
n'être qu'un pauvre pélerin, qu'il a saisi au collet durant son
sommeil et amené chez son père. Il nie avoir fait aucun tort
à la fermière qui part très mécontente de ce que le juge ne
veuille pas prononcer de jugement contre son fils.

Elle revient néanmoins bientôt à la charge, apportant au
juge un cadeau de pommes et de fromage. Alors celui-ci dit :

> Venez comparoir sous l'orme
> Vous aurez expedition.

Et la pièce finit par ces mots :

> Or sus allons vistement.
> Il fault aller noz plaitz tenir.
> Adieu, jusques au revenir.

(¹) Deux petites gravures sur bois, au titre. Six feuillets. Quarante-six
lignes à la page.

Cy fine la farce de Thevot et Colin son filz. Imprimé nouvellement a Lyon, en la maison de feu Barnabe Chaussard, près Nostre-Dame de Confort.

Mille cinq cens quarante et deux. Le xx de Juing (¹).

(¹) Cette pièce est reproduite dans le *Recueil de plusieurs farces, tant anciennes que modernes, lesquelles ont été mises en meilleur ordre et langage, qu'auparavant. Paris, Nicolas Rousset, etc.,* 1612. Petit in-8º.

Nous ignorons si les textes sont les mêmes, vu que nous n'avons pas eu l'occasion de les comparer.

Nº 48.

Farce nouvelle, à troys personnages, C'estassavoir :
  Tout Mesnage,
  Besongne faicte,
  La Chambrière qui est malade de plusieurs maladies, comme
    vous verrez cy dedans
  et le Fol qui faict du medecin pour la guarir (¹).

———————

. . : . . . .
. . : . . . .

BESONGNE FAICTE.

Jappercoys bien venir de loing
Une femme qui a affaire,
Se croy je, d'une chambriere ;
Vers elle m'en voys d'une tire.

TOUT MESNAGE.

Bien tost seray hors de martyre,
Car la devant voy une fille
Qui me semble belle et gentille
Et cherche maistre, a mon advis.

TOUT MESNAIGE prend à son service BESONGNE FAICTE, et lui donne ses ordres pour la journée, tandis qu'elle s'en va à la messe. La servante, en allant à la boucherie, rencontre le fol auquel elle demande un remède pour le mal qui la tourmente :

(¹) Trois petites gravures oblongues, sur bois, au titre. Quatre feuillets. Quarante-six lignes à la page.

Le mal d'amours si fort me blesse,
Que je ne scay que j'en feray,
Et croy fermement qu'en mourray
Se n'en suis bien tost assouvie.
. . . .

LE FOL.

Il vous fault de lhuyle de rains,
Par ainsy vous serez guarie,
Et puis prendre la raverdie
Avecques quelque verd gallant.
. . . .

Revenue à la maison, BESONGNE FAICTE trouve que le mal qui la tourmente, la rend incapable de rien faire. Le Fol vient de nouveau lui donner des conseils qu'elle déclare vouloir suivre.

Allons nous en, nous deulx ensemble
Devant que ma maitresse vienne.

LE FOL.

Adieu, Messieurs, et vous souviengne
De plusieurs chambrières folles.
Et prenez en gré nos parolles.

FINIS.

Imprimé a Lyon. (Sans autre indication.)

Nᵒ 49.

Ce debat de la nourrice et de la chambrière. A trois personnaiges :
Cestassavoir la Nourrice , la Chambrière et Johannes (¹).

La chambrière se plaint de la légèreté de langue de la
nourrice sur le compte des chambrières. Johannes écoute, une
cornette de femme sur le visage, pour ne pas être reconnu,
toutes les injures qu'elles se disent.

> Je ne demande, par sainct George,
> Aultre desduyt que les voir battre.

Il se déguise en sergent, et lorsque les deux femmes en
viennent aux coups, il les arrète et veut les mener en prison.
Mais elles tournent leur colère contre lui, le battent, lui arra-
chent son déguisement et le reconnaissent. Alors tous trois
font la paix et boivent ensemble.

(¹) Deux gravures sur bois, à la fin de la pièce. Quatre feuillets. Sans
indication. Soixante-neuf lignes à la page.

N° 50.

Farce nouvelle des chamberières qui vont à la messe de cinq heures,
pour avoir de l'eau beniste. A quatre personnages, Cestassavoir :
Domine Johannes,
Troussetaqueue,
La Nourrice
et Saupicquet (¹).

Toute la pièce se compose d'un dialogue d'abord entre deux
domestiques qui vont à l'église, et racontent en chemin ce qui
se passe chez leurs maitres ; ensuite entre le curé et ces mèmes
domestiques, qui se plaignent de ne pas recevoir assez d'eau
bénite à leur gré. Ce dialogue est, d'un bout à l'autre, rempli
de mots à double entente, et passablement libres, comme le
lecteur pourra en juger par les extraits suivants :

SAUPICQUET.

Troussetaqueue, hastons nous vistes,
Si voulons estre a l'eaue beniste
De cinq heures, il nous fault partir.

TROUSSETAQUEUE.

Saupicquet, pour vous advertic
En da je suis toute fresche.
. . . .

SAUPICQUET.

Ma maistresse est femme de pied,

(¹) Deux gravures sur bois au titre. Quatre feuillets. Sans indication. Cin-
quate-six lignes à la page.

Et n'a garde de faire telz veux,
Elle en logeroit avant deux,
Que son logis ne fust fourny.

TROUSSETAQUEUE.

Si est mon maistre bien garny
De vitailles pour un repas.
Il luy dit : viendrez vous pas
Coucher tost en vostre lieu ?
Nenny, j'ay promis a Dieu
A madame saincte Nytouche
De ne coucher, mais bonne bouche,
Jamais avec mon mary,
Les vendredis et samedy,
Se disoit ma maistresse ; adonc,
Dist mon maistre, je m'en vois donc
Coucher avec Troussetaqueue
Nostre chambriere.

SAUPICQUET.

       Si la queue
Fust dressée, tu eusses je croy
Esté bien fiere, mais par ta foy,
L'eusses tu pas bien voulu ?

TROUSSETAQUEUE.

Pourquoy non, s'il fust venu ?
Que mon maistre m'eust accollée,
J'estois maistresse.

SAUPICQUET.

       A la vollée,
Se fait de bons marchez sans doubte.
Monsieur et madame j'escoute
Aucunes fois quand sont couchéz,
Ma maistresse dit : approchez,

Mon amy, et pour ce matin
N'oubliez pas le picotin.
Et mon maistre répond toujours :
Mamye nous sommes en decours,
Attendre fault la plaine lune
Et le croissant.

. . . .

LA NOURRISSE.

Je suis venue assez a temps
Pour aller ensemble a la messe
De cinq heures.

. . . .

DOMINE JOHANNES.

Asperges me, Domine, ysopo et lavabis me,
Miserere mei Deus,
Approchez vous ; qui dit j'en veulx ?
Gloria patri : n'en vient il point?

TROUSSETAQUEUE.

Nous sommes venus bien a point
Pour l'eaue benisté recevoir
Des premieres.

LA NOURRISSE.

J'en veulx avoir,
Devant qu'il y ait plus grand foulle.

SAUPICQUET.

Vostre eaue beniste bien me coulle,
Domine Johannes, jettez fort.

DOMINE JOHANNES.

Mesdames vous avez grand tort.

TROUSSETAQUEUE.

Tu lavabis me hardiement.

DOMINE JOHANNES.

Attendez chascun en aura.
Mais je ne puis tout faire ensemble.
Asperges, je croy qu'il vous semble
Que mon eaue fault; non fait jamais.

SAUPICQUET.

Encore Domine Johannes,
Asperges me hardiment et lavabis me.

TROUSSETAQUEUE.

Jettez plus fort.
Vostre asperges est par trop court.

DOMINE JOHANNES.

Approchez vous près.
Mon coup ne s'estend pas si loing.

SAUPICQUET.

Par ma foy, je y mettray la main ,
Se ne faictes vostre devoir.

TROUSSETAQUEUE.

Ceste folle veut tout avoir.
Sainct Jehan, j'en auray comme vous.

SAUPICQUET.

Au moins maniez le tout doulx ;
Vous y allez moult rudement.
Si vous rompez l'instrument
De messire Jehan, quel dommage
Se seroit.

LA NOURRISSE.

Et si en auray je.

SAUPICQUET.

S'elle l'avoit en son benoistier,

Elle aymeroit plus cher mourir,
Que l'oster, et y deust-il pourrir.

DOMINE JOHANNES.

Par ma foy je ne scaurois
Ainsi fournir a toutes trois ;
Plus n'ay d'eaue a mon benoistier.
. . . .
. . . .

FINIS.

Nº 51.

Moralité nouvelle des enfants de Maintenant qui sont des escoliers de Jabien qui leur monstre a jouer aux cartes et aux dez, et entretenir Luxure, dont l'ung vient a honte, et de honte a desespoir, et de desespoir au gibet de perdition. Et l'aultre se convertist a bien faire. Et est a treize personnages. Cestassavoir :

Le Fol.

Maintenant.

Mignotte.

Bon advis.

Instruction.

Finet, premier enfant.

Malduict, second enfant.

Discipline.

Jabien.

Luxure.

Honte.

Desespoir.

Perdition [1].

MAINTENANT.

Mignotte, ma femme et amye,
Dieu mercy et la vierge Marie,
Nous avons cy deux beaulx enfans,
Qui croissent et ja sont moult grans,

[1] Huit feuillets. Sans indications Quarante-six lignes à la page.

Que j'ay nourris en grant exitente,
Par mon labeur et de ma rente.
Jusques a icy loué soit Dieux,
Mais j'affoiblis et deviens vieux,
Pourquoy je ne pourray fournir
Doresnavant à les nourrir,
Ne querre ce qu'est necessaire,
Advisons ce qu'est bon de faire
Pour y donner provision.

MIGNOTTE.

Dire se me semble deussion
Nostre besoing a Bon advis.
Il est l'ung de nos bons amys,
Moult saige, prudent et discret,
Je croy qu'il nous conseilleroit
Loyaulement selon vérité,
En nostre grant nécessité.
Allons luy demander conseil.

Ils vont donc ensemble consulter Bon advis, qui leur explique ce qu'il faut faire. En conséquence, ils vont prier Instruction d'apprendre à leurs enfans :

Ung mestier
De quoy ilz se puissent ayder.

Instruction donne ainsi ses avis aux parens :

Qui veullent vivre sans rien faire,
Telz gens debvroyent mourir de faim.
L'escripture ainsi le met :
Qui non laborat, non manducet.
Mourir de faim doibt endurer
Qui pour vivre ne veult ouvrer.
Lescripture si le devise.

Instruction reproche à la mère la tendresse outrée qu'elle

a pour ses fils, et la manière dont elle les habille. Enfin Instruction entreprend de les élever convenablement ; mais
bientôt ils quittent leur institutrice qu'ils trouvent trop difficile
à contenter. Ils obligent leur père à se dépouiller de son argent.
et s'en vont à l'aventure. Ils rencontrent Discipline dont les
avis les font fuir bien vite. Puis arrive Jabien

> Le filz de malle advanture,

qui leur débite une morale facile, et leur prêche une conduite
des plus relâchées. Jabien leur présente Luxure, sa fille, avec
laquelle ils jouent aux cartes et aux dez, dansent, chantent, etc. Les jeunes gens perdent au jeu, or, argent, chaperon, pourpoint, tout en un mot. Alors Jabien les conduit à
Honte qui leur explique ce qu'ils ont à attendre de leur conduite passée.

Après cela , Jabien, Luxure et Honte amènent Finet à
Desespoir qui lui dit :

> Pends toy avant a ceste corde,
> Sans espoir de remission,
> Je t'envoyes a perdition.

Celle-ci le pend au gibet et l'étrangle de ses mains.
Malduict, frère de Finet, se repend, et Bon advis étant venu
à son secours, il se soumet à Discipline.

Après de dures leçons, Malduict revient chez son pére :

> Pardonnez moy en charité,
> J'ay en mon cuœur douleur amère.

Maintenant pardonne, et son fils termine la moralité par
ces mots :

> Adieu toute cest assemblée,
> Qui la vueille a bon port conduyre.

N° 52.

Moralité nouvelle, contenant
Comment Envie au temps de maintenant
Fait que les frères que bon amour assemble
Sont ennemys et ont discord ensemble,
Dont les parens souffrent maint desplaisir
Au lieu d'avoir de leurs enfans plaisir.
Mais à la fin Remort de Conscience
Vueillant user de son art et science
Les fait renger en paix et union,
Et tout leur temps vivre en communion (¹).

A neuf personnages, Cestassavoir :

> Le Preco.
> Le Pere.
> La Mere.
> Le premier filz.
> Le second filz.
> Le tiers filz.
> Amour fraternel.
> Envie.
> Et Remort de Conscience.

Le Preco commence :

> Bourgeoys, marchands, dames et damoyselles,
> Je vous salue en généralité,

(¹) Une gravure sur bois au titre, et deux autres à la fin. Douze feuillets. Cinquante-sept lignes à la page.

Vous suppliant que prestez vos oreilles
Affin d'ouyr nostre moralité,
Que faicte avons, non par mondanité
Mais pour le vray déclarer seulement
Au nom de Dieu. Pourquoy la vérité,
Vous cognoistrez icy presentement.

Alors commence un entretien entre le père et la mère qui remercient Dieu que leurs enfants semblent s'aimer tendrement. Les trois fils entrent et confirment par leurs discours ce que viennent de dire leurs parens. Le père, pour leur mieux faire comprendre l'avantage d'être unis, met en action la fable de Lafontaine. Chacun des trois fils essaie, mais en vain, de rompre le faisceau qui leur est présenté. Puis le père le délie et ils brisent aisément chaque pièce séparée.

LE PÈRE.

Mes chers enfans, il ne sera possible
A quelque humain, de vous porter dommage,
Pourveu qu'ayez tous trois mesme courage,
Sans vous desjoindre. Comme l'expérience
Vous ay monstré, et tenez pour science
Que vostre force n'estoit pas suffisante
Pour a ce bois estre en riens nuysante,
Estant conjoinct. Mais estant séparé
Alors avez par pieces esgaré
Tout le faisseau. Donc prenez souvenance
Que ne preniez en vous outrecuydance
Pour vous desjoindre, pour vostre grant proffit.
. . . .

Deux des frères se retirent, et vont se coucher sur la verdure où ils s'endorment. Envie entre en scène et leur inspire, contre leur jeune frère, des sentiments de jalousie qu'ils expriment à leur réveil. Remords de conscience leur donne un bon conseil, mais ils ne l'écoutent point.

Pendant qu'ils font paître leurs moutons, Envie revient à la charge, et lance une de ses flèches dans le cœur de l'aîné , et une autre dans celui du second. Aussitôt ils conspirent la mort de leur cadet. Sur ces entrefaites, celui-ci vient les rejoindre. Ils le lient de cordes, et le jettent dans une citerne, en prenant la précaution de tuer un mouton et d'impregner de son sang les habits de leur victime. Ils rapportent ces habits au père, en lui faisant croire qu'une bête féroce a dévoré leur frère.

Alors Remords de conscience s'empare d'eux , leur conseille de tout déclarer à leur père, et d'implorer son pardon. Ils suivent cet avis. Lamentations du père :

. . . .

O mauldicte envie
Tu feras ma vye
En melencolie
Tout mon temps durer.
Las, mort, je te prie
Fais chose accomplie ;
L'ame soit ravye
Sans plus endurer.
Pauvre vieillard, ton soulas est perdu.
Las, mes enfans, je suis tout esperdu.
Menez moy tost ou vous l'avez jetté.
. . . .
Je veulx mourir en mesme place
Ou mon bon filz a prins la mort.
Las, mes enfans , las, quel remort !
Menez moy tost sans plus atendre.

Arrivés tous trois à la citerne, le père se met à genoux, et implore Dieu pour qu'il puisse rejoindre son fils. Une voix répond du fond de la citerne. C'est celle du jeune frère qui n'est pas mort, et qu'ils se hâtent de tirer de la fosse.

Les deux frères demandent pardon à genoux de-leur forfait.
Leur jeune frère les relève :

Levez vous, freres, de bon cueur vous pardonne.

Le PRECO termine la pièce par une allocution à l'auditoire.

« Fin de la moralité des frères de Maintenant : Nouvelle-
« ment imprimé a Paris par Nicolas Chrestien, demourant
« en la rue neufve Nostre-Dame , a l'enseigne de lescu de
« France ([1]). »

[1] Le fond de cette pièce présente une variante du sujet traité dans la
*Moralité de la vendition de Joseph filz du patriarche Jacob , comment ses
frères esmeuz par Envye, s'assemblèrent pour le faire mourir,* dont une
copie figurée a été faite aux frais du prince d'Essling.

Nº 53.

Moralité nouvelle dung Empereur qui tua son nepveu qui avoit prins une fille a force. Et comment le dict Empereur estant au lict de la mort, la saincte hostie lui fut apportée miraculeusement. Et est à dix personnages, Cestassavoir : Lempereur. Le Chappelain. Le Duc. Le Conte. Le Nepveu de lempereur. Lescuyer. Bertault et Guillot, serviteurs du nepveu. Laille violée. La Mère de la fille, avec la saincte hostie qui se présenta a lempereur (¹).

La pièce est précédée d'un prologue de l'*acteur*, de vingt-sept vers, qui explique le sujet de l'action.

L'empereur se sentant trop vieux pour bien gouverner, veut se démettre du pouvoir suprême, et demande conseil à son chapelain. Celui-ci donne l'avis de consulter les grands du royaume qui, en conséquence, sont convoqués. Ils opinent en faveur du neveu, qu'un écuyer va inviter à se rendre à la cour.

L'empereur et deux conseillers, un duc et un comte, donnent de très bons conseils au neveu, après que l'oncle lui a confié le pouvoir.

Mais il n'en tient compte, et son premier acte est de mander ses deux affidés et de leur ordonner de lui amener une jeune fille dont il est amoureux. Ceux-ci se rendent chez elle, et la trouvent priant la Vierge de la préserver de toute souillure du corps et de l'âme. Ils l'enlèvent et la conduisent à leur maître qui, après en avoir abusé, la renvoie. Sa mère va l'accuser de ce crime auprès du vieil empereur qui fait comparaître son neveu devant lui.

(¹) Seize feuillets. Quarante-six lignes à la page.

> J'ay esté trente ans empereur,
> Qu'oncques tel deshonneur ne me vint.
> Mais en ay pugny plus de vingt
> Cruellement pour tel peché.
> Noncques je ne fus reprouché
> Davoir espargné en justice
> Nul homme tant fust grant ne riche.
> Et maintenant se je t'épargne
> Le noble empire dAlmaigne
> Est deshonoré a tousjours.

Le duc et le comte intercèdent en faveur du neveu, mais en vain. L'oncle le met lui même à mort.

> Par ma foy je feray justice.
> De ce cousteau seras occis.
> Jay faict justice jusques icy
> Au plaisir de mon Dieu. Sainct George !
> Il en a tout parmy la gorge,
> Jamais femme n'efforcera.
> Venez sa, seigneurs, venez sa.
> Portez au feu le corps defaict.

L'empereur, par suite de l'effort qu'il vient de faire sur lui-même, se sent mal, et demande à se confesser et à communier. Le chapelain dit qu'il n'oserait lui donner l'hostie sacrée après le meurtre qu'il a commis. L'empereur répond qu'il a fait justice et n'a point commis de crime. Il invoque Dieu, et le St-Sacrement vient de lui-même se poser sur ses lèvres. Tout le monde rend des actions de grâces au Ciel pour ce miracle, et la pièce finit.

———

Imprimé nouvellement a Lyon en la maison de feu Barnabé Chaussard, près Nostre-Dame de Confort. Mil cinq cens xliii.

Beati qui faciunt justiciam in omni tempore.

Nº 54.

Moralité ou histoire rommaine dune femme qui avait voulu trahir la cité de Romme. Et comment la fille la nourrist six sepmaines de son lect en prison. A cinq personnaiges, Cestassavoir :

Oracius.

Valerius.

Le Sergent.

La Mere.

La Fille ('').

Oracius et Valerius s'entretiennent des devoirs de leur charge, et disent que c'est à une rigoureuse justice que Rome doit le grand renom auquel elle est parvenue.

Ils s'informent s'il n'y a pas de crime qui soit resté impuni. Le sergent d'armes leur apprend qu'une femme est en prison, accusée d'avoir trahi la république. On la fait venir, et on la condamne à mort ; mais touchés des prières de sa fille, les juges consentent à ce que la coupable soit enfermée, sans nourriture, jusqu'à ce que mort s'ensuive. Dans la prison, la fille vient chaque jour allaiter sa mère, à travers le grillage.

Les juges s'étonnant de ce que la prisonnière ne meure pas, l'épient et surprennent le secret. Ils font grâce à la mère, en faveur du dévouement de la fille.

Cy fine l'histoire rommaine. Imprimé nouvellement à Lyon en la maison de feu Barnabe Chaussard, près de Nostre-Dame de Confort. MDXLVIII.

(') Six feuillets. Deux petites gravures au titre ; et à la fin, six empreintes sur bois, de monnaies de l'époque. Quarante-six lignes à la page.

Le style de cette moralité est sec et dur, et n'a aucune élévation. On pourra en juger par ces vers qui terminent la pièce. C'est l'effusion de reconnaissance et d'amour de la mère et de la fille.

LA MÈRE.

Las, je voy que en nulle saison
Oncques mere ne trouva
Telle fille.

LA FILLE.

Laissons cela.
Je suis a vous bien plus tenue,
Car je congnoys tant que a cela,
Que par vous suis au monde venue.

Nᵒ 55.

Farce nouvelle et fort joyeuse et morale. A quatre personnaiges,
Cestassavoir : Bien mondain. Honneur spirituel. Pouvoir temporel, et la Femme (¹).

· · · · · · · · · · ·

HONNEUR SPIRITUEL.

Je tiens par fas et par nefas
Des benefices ung grand tas,
Prébendes, pensions, chapelles.
Quand on me condampne, j'appelles ;
Je fournis en tout et partout ;
Si j'ay maulvais droict, il m'apointe,
Aultrement il va par la pointe
De son espée et son bouclier,
Par ainsi me faict appointer.

· · · · · · · · · ·

« La femme nommée Vertu entre, ayant un corbilon a
« oublieur sur ses espaulles, en cryant :

Oublie, oublie, oublie !

POUVOIR TEMPOREL.

Desployez nous icy contant
Les dez dessus le corbilon

LA FEMME.

Sans nulle faulte, compaignon,

(¹) Quatre feuillets. Sans date. Quarante-sept lignes à la page.

Voulentiers je vous louvriray.

. . . .

HONNEUR SPIRITUEL.

Avez vous donc point le moyen
De me faire ung moulin bien gent
Pour engrener heures et matines.

LA FEMME.

Allieurs chercherez vos mesquines,
Car icy n'en trouverez pas.

. . . .

POUVOIR TEMPOREL.

Je vouldroys bien avoir offices,
Mais un chascun jour on les vent
A ceulx qui portent de largent ;
Et bien peu je voys que on en donne.

. . . .

HONNEUR SPIRITUEL.

As tu point sans aulcun blason,
Deceptions, mille harengues,
Qui nous sceussent mettre en train
D'avoir sans rien faire, du pain.
Je le vouldroys bien acheter
Quelque chose qu'il deust couster.

LA FEMME.

Et je vous ay dit sans doubter,
Cela ne trouverez chez moy ;
Vous y trouverez bonne foy,
Bon renom, bonne gouvernence.

POUVOIR TEMPOREL.

C'est un pennier qui n'a point d'ance.
Ce n'est pas pour le temps qui court.

Pour le déclarer brief et court
Garde ta mercerie meslée.

LA FEMME.

. . . .
Pourquoy conclurons briefvement,
Sy des biens voulez largement,
Faire vous fault du temps qui court,
En contrefaisant le billourt,
Et que vertu soit mise au vent.
Car vous voyez au temps présent
Que ung chascun faict comme Cacus,
Qui faisoit de vices vertus.

Cy fine la farce de Bien-mondain. Imprimé nouvellement
a Lyon, en la mayson de feu Barnabe Chaussard, pres Nostre-
Dame de Confort.

———

Cette farce et la suivante, ne nous paraissent pas exiger
d'analyse, car ce ne sont que des espèces de satires dialoguées,
sans mérite de style, et où l'action est nulle.

N° 56.

Farce nouuelle tres bonne, moralle et fort joyeuse, a troys personnages, Cestassauoir : Tout. Rien. Chascun (¹).

———

Discussion entre Tout et Rien sur leur mérite réciproque.
Ils vont se mettre au service de Chascun qui les prend l'un
après l'autre, sans en être satisfait :

Or ça, messieurs, voyez vous bien,
Que Tout et Chascun vont a Rien,
En la fin ainsi est ordonné,
Que tel cuyde au monde estre né
Pour abonder ou est tout et bien,
Et en la fin tout vient a rien.
Voyla que c'est de nostre vie.
Prenez en gré, je vous supplie.

FIN.

(¹) Quatre feuillets. Sans indication. Deux gravures sur bois, au titre.
Cinquante-huit lignes à la page.

N° 57.

𝔅ergerie nouvelle fort joyeuse et morale de Mieulx que devant.
A quatre personnages, Cestassavoir :
Mieulx que devant.
Plat pais.
Peuple pensif.
Et la Bergiere (¹).

———

. . . .
. . . .

PLAT PAIS.

Par leurs fins aveaulx
Ils tuent moutons, vaulx,
Et a nos despens

PEUPLE.

Cessons ces travaulx,
Par mons et par vaulx
Demourons suspens.

PLAT PAIS.

Peuple pensif ?

PEUPLE.

Quoy ?

PLAT PAIS.

Ou est Bontemps ?

(¹) Six feuillets. Sans indication. Gravure sur bois au titre. Quarante-six lignes à la page.

PEUPLE.

Je ne scay, plat pais.

PLAT PAIS.

Ne moy.
Il ny a plus avril ne may,
Longtemps y a que je l'attens.

. . . .

PEUPLE PENSIF.

Ils ont cassé mon pot de terre
Qui servoit a cuire mes trippes.

. . . .

Si mon chien je lache,
Et bien il ne chasse,
Je soye mauldit !

. . . .

Emporté ont mon fleau a batre.
Et le lard de ma cheminée.

. . . .

PLAT PAIS.

Vilain, endure.

PEUPLE.

Bon temps viendra.

PLAT PAIS.

Par aventure.

PEUPLE.

Je suis tout mast.

PLAT PAIS.

Te fault la layne.

PEUPLE.

Ils m'ont desrobé ma ceincture,
Qui estoit, sur ma foy, de layne.

PLAT PAIS.

Par la Magdalaine,
Et moutons et layne,
Ils ont bref et court.

PEUPLE.

Guerre trop soubdaine
Prent blé et aveine,
Et nous tient de court.

PLAT PAIS.

C'est le train.

PEUPLE PENSIF.

C'est la loy qui court.

PLAT PAIS.

Ils ont tué mon coq.

PEUPLE.

Ils ont tué mes oyes.

PLAT PAIS.

Les plument-ils ?

PEUPLE.

En nostre court.

PLAT PAIS.

De quoy font-ils feu ?

PEUPLE.

De nos hayes.

PLAT PAIS.

Quelz gens sont-ce ?

PEUPLE.

Ce sont laquayes.

PLAT PAIS.

Mot tout coy.

PEUPLE.

Gardons nous de reprise.
Il n'est pas mes vieilles brayes
Que tu saches qu'ils n'ayent prises.

. . . .

Bonne Espérance, sous la forme d'une bergère, vient leur donner des consolations. Puis arrive Mieulx que devant qui chante et tresse des chapeaux de fleurs nouvelles. Roger Bontemps le suit.

PEUPLE.

Si vous plaist serez nostre hoste,
Pour nous preserver des gendarmes.

MIEULX.

Il fault que vous soyez tous fermes,
Et ne soiez point esbahys,
Quel est vostre nom ?

PLAT PAIS.

Plat pais.

MIEULX.

Et vous, comment ?

PEUPLE.

Peuple pensif.

MIEULX.

Affin qu'il n'y ait point destrift

Je marqueré vostre logis,
Et n'en soyez point esbahys.
Aux gendarmes direz comptant
Que vous avez Mieulx que devant.

PLAT PAIS.

Grates.

PEUPLE.

Tout est a vos commant.
Mais je vous prye, Mieulx que devant,
Ainsi comme bon eschanson,
Que chantons au departement
Icy ung motet de chanson.

Cy fine la farce joyeuse de Mieulx que devant, a quatre personnaiges.

———

Cette pièce a une tournure politique qui nous semble fort remarquable dans les œuvres littéraires de ce genre, et si le défaut d'espace ne nous en empêchait, nous présenterions ici plusieurs remarques, que suggèrera du reste suffisamment, la seule lecture de nos extraits.

N° 58.

Farce nouvelle moralisée des Gens nouveaux qui mengent le monde et le logent de mal en pire. A quatre personnaiges, Cestassavoir : Le premier nouveau. Le second nouveau. Le tiers nouveau, et le Monde (¹).

————

. . . .
. . . .

LE PREMIER.

Faisons que curez et vicaires
Se tiennent en leurs presbytaires,
Sans avoir garces et chevaulx.
Ainsi ferons nous gens nouveaulx.

LE SECOND.

Or faisons tant que ces gras moynes
Ces gras prieurs et ces chanoines
Ne mengeussent plus gras morceaulx.
Ainsi ferons nous gens nouveaulx.

LE TIERS.

Faisons que tous les medecins
Parviennent tousjours en leurs fins,
Et qu'ilz guerissent de tous maulx,
Ainsi ferons nous gens nouveaulx.
. . . .
Il nous fault gouverner le monde,
Vela nostre faict tout conclus.

(¹) Six feuillets. Sans indication. Deux petites gravures sur bois, au titre, et quatre autres à la fin. Quarante-six lignes à la page.

Aux anciens n'appartient plus ;
C'est nous qui devons gouverner.

LE PREMIER.

Rien ne nous vault le sejourner ,
Allons veoir que le Monde faict.
. . . .

Ayant rencontré le Monde, ils lui disent :

Nous venons pour te gouverner
Pour ung temps, a nostre appetit.

LE MONDE.

Vous y congnoissés bien petit.
Dieu ! tant de gens m'ont gouverné
Depuis l'heure que je suis né.
En moy ne vis point d'asseurance,
J'ay esté tousjours en balance ;
Encores suis-je pour ceste heure.
Le peuple travaille et labeure,
Et est de tous costéz pille.
Quant labeur est bien tranquille,
Il vient un tas de truandailles
Qui prennent moutons et poulailles,
Marchandise, ne les marchans,
N'osent plus aller sur les champs,
Et chascun dessus moy se fonde,
En disant ; mauldit soit le monde !
J'en ay pour retribution
Du peuple malediction.
C'est le salut que j'emporte.

Le Monde, gouverné quelque temps par les Gens nouveaux,
trouve qu'il est pire qu'auparavant, et se plaint amèrement
d'être toujours si maltraité :

Ha ! monde, ou est le bon temps
Que tu plaisoys à toutes gens ;
Et ores tu es desplaisant.
Peuple, d'avoir bien ne te attens
Quant gens nouveaulx sont sur les rens,
Tousjours viendra pis que devant.

LE SECOND.

Vous estes en logis plaisant.
De quoy vous allez vous plaignant ?
Vous plaignez vous de gens nouveaulx ?

LE TIERS.

Se plus vous allez complaignant
Encore aurez pis que devant,
Ce ne sont que premiers assaulx.

LE MONDE.

Or voy je bien qu'il m'est mestier
De le porter paciemment.
Chascun tire de son cartier
Pour m'avoir, ne luy chault comment.
Vous pouvez bien veoir, clerement
Que gens nouveaulx sans plus rien dire,
Ont bien tost et soubdainement
Mys le monde de mal en pire.

FINIS.

Farce nouvelle moralisée des Gens nouveaulx qui mengent le monde et le logent de mal empire.

N° 59.

Farce nouvelle à cinq personnaiges, Cestassavoir :
Marchandise et Mestier.
Pou d'acquest.
Le Temps qui court.
Et Grosse despence (¹).

Après avoir relu deux fois ce morceau, il nous a été impossible d'en présenter l'idée analytique, tant le dialogue est embrouillé. L'auteur a voulu faire la satire de l'époque, mais d'une manière si insipide, et si pauvrement, que nous craignons de n'avoir déjà que trop compté sur la patience du lecteur, en transcrivant la fin de la pièce :

MARCHANDISE.

Or ça, de par nostre seigneur,
Or sommes nous de tous bien séparéz.

MESTIER.

A nostre faict ny a plus de vigueur.

POU D'ACQUEST.

Le temps qui court
Vous a bien reparéz.

MARCHANDISE.

Il convient donc que soyons séparéz,
Sans tenir cy, si longuement quaquet.

(¹) Quatre feuillets. Sans aucune indication. Cinquante-neuf lignes à la page.

Au temps qui court point ne fault differer,
Grosse despence m'envoye au brunicquet.

MESTIER.

Pour conclure nous avons pou d'acquest
Qui des pieça nous a baillé chagrin ;
Pas ne convient que face gros excès,
De mendiens je vois prendre le train.

FINIS.

N° 60.

La vie et hystoire du maulvais riche ([1]). A treize personnaiges,

Cestassavoir :

Le Maulvais riche.

La femme du maulvais riche.

Le Ladre.

Le Prescheur.

Trotemenu.

Tripet Cuisinier.

Dieu le Père.

Raphael.

Abraham.

Lucifer.

Sathan.

Rahouart.

Agrappart ([2]).

Un sermon sert de prologue à la pièce. Le prêcheur y développe le sujet du mauvais riche, d'après l'évangile de St-Luc :

([1]) Il existe une moralité du Maulvais riche et du Ladre, à 12 personnaiges, in-4° gothique ; un exemplaire a été payé 1,860 francs à la vente Reveil, par M. de Soleinne ; revendu 600 francs. On en connaît une autre édition in-16 goth. (vers 1530), et il en a été fait deux réimpressions, à Aix en 1823 et à Paris en 1833. Cette moralité augmentée, changée et portée à 18 personnages, a reparu à Paris et à Rouen (*voir* le Manuel du Libraire, t. III, p. 455). Consulter aussi l'*Histoire du Théâtre français*, par les frères Parfait, t. III, p. 94-97.

([2]) Douze feuillets. Gravure sur bois au titre. Quarante-six lignes à la page.

*Homo quidem erat dives qui induebatur purpura, et epulabatur
quotidie splendidè.*

> Mes chers gens, ceste parolle
> Que nul ne doibt tenir pour folle,
> Que jay cy devant proposée,
> Dessus levangile est trouvée
> Ainsi que sainct Luc le tesmoigne,
> Qui fut present a la besongne,
> Quant Jesus Christ nous enseigna
> Ceste parolle . . . .
> . . . .
> Et tout cela verrez vous faire,
> Mais qu'il vous plaise de vous taire,
> Sans faire noise ne content,
> Affin que cest esbatement
> Se puist parfaire et accomplir,
> Ainsi que nous avons desir.
> Priez pour moy je vous en prie ;
> Dieu vous gard tous de villenie.
> Commence qui doibt commencer.

Là dessus Trotemenu entre en scène, et se plaint de ce qu'il
doit se lever si tôt, pour aller recevoir les ordres de son maitre.
Le mauvais riche lui dit qu'il veut vivre plantureusement et
se vêtir de drap de pourpre et de soie, puis il lui donne
l'ordre d'aller à la cuisine s'enquérir si le diner est prêt.

Trotemenu part, et revient annoncer que son maitre est
servi. Le mauvais riche et sa femme se mettent à table. On
frappe à la porte, et Trotemenu dit que c'est un pauvre :

> Qui vient tous les jours a disner.

Le maitre ordonne qu'on le chasse. Le ladre insiste et demande quelques miettes seulement. On lâche les chiens sur le
pauvre, mais ils ne font que lui lécher les mains et les jambes.

Le maître s'irrite. Le pauvre invoque Dieu et le prie de le prendre en son paradis où l'orgueil et la dureté de cœur sont inconnus. Dieu a pitié de lui et ordonne à Abraham de l'exaucer ; mais auparavant il envoit Raphaël pour *conforter le ladre*. Satan aperçoit le messager ailé, et craint que l'âme de Lazare ne lui échappe. Il court réclamer sa proie, mais Raphaël le chasse.

Alors Satan et son collègue Rahouart vont trouver le mauvais riche, assurés qu'ils sont que celui-la leur reviendra. Dans l'intervalle, Lucifer commande que Satan et Rahouart paraissent devant lui, et leur reproche d'avoir, par négligence, laissé échapper l'âme du Ladre, puis il les fait battre pour les punir.

Raphaël emmène cette âme à Dieu, qui veut qu'elle soit placée dans le sein d'Abraham. Cependant le mauvais riche se sent mal, et demande qu'on le porte sur son lit. Il croit que c'est le ladre qui lui a apporté cette maladie. Sa femme demande qu'on aille voir s'il est parti, et Trotemenu vient annoncer qu'il est mort, et que son corps est étendu sur les degrés de la porte.

Le mauvais riche est de plus en plus malade :

> Pas ne vivray jusqu'a demain,
> La douleur me tient en la teste.

Lucifer ordonne à Satan d'aller s'emparer de lui. Celui-ci et Rahouart partent :

> De ce crocq l'iray accrochant,
> Puis sera mis en ceste hotte,
> Et affin qu'on ne le nous oste
> Nous le lirons estroictement.

Le mauvais riche meurt. Les deux démons apportent son âme à Lucifer qui dit :

> Or ça, va tost sans faire demaine,
> Mettre ceste ame en la chauldière
> Ou il n'a clarté ne lumière ;
> Pencez de bien le tourmenter
> De ce ne vous vueillez lasser.

Le mauvais riche se lamente et implore Abraham qui lui explique que son repentir est inutile maintenant, et qu'il n'avait qu'à mieux observer les préceptes de Moïse et des prophètes, lorsqu'il était sur la terre. Abraham termine son allocution et la pièce, par ces vers :

> Car par eulx pourront conquester
> La joye qui ne peut finer.
> Laquelle joye vous ottroyt,
> Par qui tout scait et par tout voyt,
> Qui vit et regne, regnera
> In seculorum secula.

AMEN.

Cy finist l'histoire du maulvais riche, imprimée nouvellement à Lyon en la maison de feu Barnabé Chaussard, près nostre Dame de Confort.

N° 61.

Farce nouvelle des cinq Sens de lhomme, moralisée et fort joyeuse pour rire, et recreative, et est a sept personnaiges. Cestassavoir: Lhomme. La Bouche. Les Mains. Les Yeulx. Les Pieds. L'Ouye, et le Cul (¹).

L'homme commence :

> Je doibs bien Dieu regracier
> Et reverer tres grandement,
> Quant pour mon corps sollacier
> Je suis servy Dieu scait comment.
> Jay mes cinq sens qui nullement
> De moy bien servir ne sont las ;
> Si vueil continuellement
> Avecq eux tous prendre soulas.
> Mes cinq sens !

LES CINQ SENS *tous ensemble.*

Monsieur !

Il leur annonce qu'il veut faire avec eux *ung bancquet joyeux.* Ils se mettent à table, et boivent à la santé l'un de l'autre. Les cinq sens font de vives protestations de dévouement à l'homme, mais le cul se plaint :

> Et ne seray je point du nombre ?
> Les cinq sens, me boutte on arrière ?

(¹) Huit feuillets. Deux gravures sur bois au titre. Quarante-huit lignes à la page.

L'HOMME.

Et qui es-tu?

. . . .

Le cul prétend avoir droit d'être compté comme sixième
sens. Les cinq autres l'injurient et répètent tous, l'un après
l'autre.

Nous ne te voulons point avoir.

LE CUL.

Et je y seray, vueillés ou non,
Par droict civil ou droict canon.
Vous ne me scauriés debouter,
· Par le Charbieu, je iray monter
Par dessus, et tenir estatz
Droictement en pontificatz,
Comme l'ung des sens de nature.

L'HOMME.

Or en faictz a ton adventure
Je ne men mesle plus avant.

. . . .

LE CUL.

Je vous deffie des ceste heure
Et pour moy tenir au dessure,
Ton chasteau je voys preparer,
Et si tres bien clorre et serrer,
Que personne n'y entrera.

L'homme bientôt se plaint et se lamente. Les sens ont beau
crier et tempêter, l'ennemi résiste. Enfin après avoir inuti-
lement livré un assaut à la place, tous sont forcés de faire
amende honorable, et de demander pardon à celui qu'il mé-
prisait naguère.

L'HOMME.

. . . .
On peult bien juger
Qu'il n'est roys, ducz, comtes, empereurs,
Marquis, ne chevaliers d'honneurs,
Femme, ne homme, tant soit-il, nul
Qu'ils ne soyent subjectz au cul,
Comme nous avons cy monstré,
Et atant fin ; prenez en gré,
Car faict l'avons d'entente lye ,
Pour resjouyr la compaignye.

FINIS.

Imprimé nouvellement à Lyon, à la maison de feu Barnabé Chaussard, près nostre Dame de Confort. L'an mil cinq cens quarante et cinq. Le ix jour de septembre (¹).

(¹) La *Moralité joyeuse du Ventre, des Jambes, du Cœur et du Chef,* dans le *Recueil de Farces et Moralités,* Paris, Techener, a plusieurs rapports avec celle-ci, et présente une conclusion analogue :

. . . . les membres divisés
D'avec le corps, sont rendus inutiles.

N° 62.

Le Debat du Corps et de l'Ame (¹).

Cy commence le debat du corps et de l'ame.

> Une grant vision
> Est en ce livre escripte.
> Jadis fut révélée
> A Dom Philibert lhermite
> Qui fut si tres preudhom
> Et de si grant merite,
> Quoncques par luy ne fut
> Faulce parolle dicte.
> Il estoit grant au siecle,
> De grant estraction,
> Mais pour fuyr le monde
> Et sa deception,
> A luy fut revelée
> La dicte vision ;
> Tantost devint hermite
> En grand devotion.
> Par nuyt quant le corps dort,
> Et l'ame souvent veille,
> Advint a ce preudhom
> Une tres grand merveille,
> Car il vit ung corps mort
> Murmurant a son oreille,
> Et l'ame d'aultre part
> Qui du corps se merveille.

. . . .

(¹) Huit feuillets. Sans aucune indication de lieu, ni de date. Quarante-six lignes à la page.

Suit une discussion dialoguée entre l'âme et le corps, dans laquelle *l'acteur* et les diables viennent quelquefois émettre leur opinion.

N° 63.

Le Chevalier qui donna sa femme au Dyable. A dix personnaiges.
Cestassavoir : Dieu le Pere. Nostre Dame. Gabriel. Raphaël.
Le Chevalier. Sa femme. Amaury, escuyer. Anthenor, escuyer.
Le Pipeur et le Dyable.(¹).

Le chevalier (²) se vante à sa femme de ses richesses et de
son pouvoir. Elle lui donne des conseils de pitié et d'humilité.
Il lui impose silence. La femme se lamente de voir les prodi-
galités de son mari, adresse ses prières à la Vierge, et puis se
rend à l'église.

Le chevalier est trompé par ses écuyers qui le volent, aidés
d'un pipeur qui joue avec leur maître et lui gagne tout. Le
chevalier se lamente, sa femme le console. Le diable intervient et le tente. Il résiste d'abord, mais enfin il signe le pacte
que lui propose le démon, et dont une des clauses est que le
chevalier livrera sa femme. Pour remplir cette clause, le chevalier conduit sa moitié au lieu indiqué par le diable. En route,
elle s'arrête, dans une chapelle, pour prier.

La Vierge implore Dieu en faveur de la chatelaine, et elle
va prendre sa place. La Vierge sort donc de la chapelle au,
lieu de la femme du chevalier, et vient trouver celui-ci :

NOSTRE DAME.

Sus mon amy, allez devant.

(¹) Dix-huit feuillets. Quarante-six lignes à la page.

(²) Nous avons déjà parlé du Mystère du Chevalier qui donna sa femme au
diable, à dix personnages, représenté en 1505. Il a été réimprimé dans la collection Caron. Il est analysé sommairement dans l'*Histoire du Théâtre français*, des frères PARFAIT, tom. II, p 555-557.

Long temps m'avez cy attenduc,
Mais j'ay pour vous grace renduc
A Dieu qu'il vous vueille conduyre.

. . . .

Le diable trompé dans son attente, prétend avoir du moins le droit de s'emparer du chevalier, qui invoque la Vierge et implore son pardon.

Gabriel oblige le diable à lui remettre le pacte avec le chevalier. Celui-ci obtient sa grâce, et se reconcilie avec sa femme.

Cy fine le mystere du chevalier, qui donne sa femme au dyable. Imprimé a Lyon a la maison de feu Barnabe Chaussard, pres nostre Dame de Confort.

MDXLIIII. Le XVI jour de Juillet.

Nᵒ 64.

Moralité nouvelle très bonne et très excellente de Charité, ou est démonstré les maulx qui viennent aujourd'huy au monde, par faulte de charité. Et est la dicte moralité à XII personnaiges dont les noms sensuyvent cy après, et premièrement : Le Monde. Charité. Jeunesse. Vieillesse. Tricherie. Le Pouvre. Le Religieux. La Mort. Le Riche avaricieux, et son varlet. Le bon Riche vertueux et le Fol (¹).

———

In nomine Patris et Filii et Spiritus Sancti.

Charitas patiens est, benigna est. — *Ad Corinthios,* XIII cap.

> Et a celle fin qui puisse dire
> Chose qui soit bonne et utile ,
> La grace Dieu demanderons ;
> Mais avoir ne la pourrions,
> Sans celle qui en est trésorière.
> Nous luy feron donc prière
> Qu'elle deprie son filz et son pere ,
> Et pour ce luy presenteron
> La noble salutation,
> Que Gabriel luy presenta,
> En disant Ave Maria.

Puis vient un court sermon, à la fin duquel *l'acteur* désigne tous les personnages de la pièce aux spectateurs :

> Or vous ayie tout devisé
> Les personnaiges, et nommé,

(¹) Treize feuillets. Une gravure sur bois, au titre. Quarante-huit lignes à la page.

Si vous supplye humblement
Que vous nous donnez pacience,
Et vous verrez presentement
Beau jeu, puis que le fol commence.

Le Fol commence en chantant :

Rigolle toy, rigolle, rigolle toy, Robin
Que vous en semble, mon cousin.
. . . .
Vous qui estes tant gracieuse
Je gaige que vous estes foureuse.
Or par sainct Jacques, je vouldroye
Que ton nez fust dedans la roye.
Quant une femme mariée
A esté baysée ou hochée
D'ung autre que de son mary,
Elle doibt pour chascune journée
Quel se faict donner la fessée,
Ung denier a sainct Cultin.
Je parle aussi bien latin ,
Comme un prebstre qui dit la messe.
Or parlez a moy, trousse fesse ,
Se dedans ung lict nu a nu
Fussions couchez fesse sus fesse,
Ung de nous deux seroit foutu.

Il chante de nouveau :

Il estoit bien malostru, sus goguelu
De cuyder quelle fut pucelle.
El cest faict tant bistoquer
Tant janculer
Dessus l'herbette nouvelle,
Tourelourette, tourelourette
Lyron fa.

CHARITÉ.

Monde, vueillés a moy entendre ,
Venue suis de Dieu pour t'aprendre
A gouverner bien sagement
Les biens dont tu as largement,
Par la grace de Dieu le père.
Car tu scays bien, cest chose clere,
Que Dieu nous dist en l'escripture,
En l'evangile nette et pure
Dilige proximum tuum
Dist Dieu, sicut te ipsum.
. . . .
. . . .

Le Monde entre en discussion avec Charité. Puis arrivent Vieillesse et Jeunesse, son fils, qui se querellent ensemble. Vieillesse donne néanmoins de très bons conseils à l'autre qui répond :

Il semble que je suis enfant,
Et que je ne scay que je fais.
Ne vous souciez de mes fais
Non plus que je faietz de vous ;
Car je n'en feray rien pour vous,
Plus que je feroye pour mon chat.
. . . .

La Charité et le Monde viennent consoler Vieillesse. La première fait toutefois observer que Vieillesse doit en partie s'en prendre à elle même d'être maltraitée par son fils :

Or merciez le createur,
Vieillesse, ma tres doulce amye,
Vous avez la verge baillée
A vos enfans dont ils vous batent.
. . . .
Car en sa petite jeunesse

Le laissiez faire en sa guise.

. . . .

Moult en est d'ainsi advenus
Qui sont pouvres enfans perdus
Par deffaulte de chastiment.

VIEILLESSE.

Vous dictes vray certainement ;
Je l'appercoy bien maintenant.
Il n'ayme pas bien son enfant
Qui ne le chastie de bonne heure.

. . . .

Le Monde pour punir Jeunesse de son ingratitude, le bat. Jeunesse résiste, et à son tour frappe, à coups redoublés, le Monde. Tricherie intervient qui, par ses flatteries, se fait aimer de Jeunesse. Elle offre aussi ses services au Monde qui refuse d'abord, mais qui finit par abandonner Charité, pour suivre les avis de la nouvelle conseillière. Charité continue à leur prêcher la morale, ce dont ils s'ennuyent, et ils la chassent. Elle va trouver le Riche avare qui la met également à la porte :

Mamye, je n'ay de vous que faire :
Allez vous en, sans plus attendre,
Rien ne me scauriez apprendre ,
Je scay plus que vous ne scavez.

De là Charité se rend chez le Riche vertueux qui l'accueille très bien :

Ha, Charité, ma doulce amye ,
Vous soyez la tres bien venue.
Je vous cuydoye avoir perdue
Par ceste faulce Tricherie.

CHARITÉ.

> Je suis du Monde tres marrie,
> Car a elle cest abandonné.

. . . .

Le vertueux Riche invite un pauvre à diner avec lui et Charité. Ils se mettent à table. Durant ce temps, l'Avare se laisse entièrement guider par les conseils de Tricherie, qui entraine aussi le Pauvre, malgré les avertissements de Charité.

Celle-ci a recours à un Religieux qui fait un long sermon, commençant ainsi :

Beati qui audiunt Verbum Dei, et custodiunt illud.

> Benoistz soyent tous ceulx qui orront
> Et qui de bon cueur entendront
> Les parolles que je veulx dire.
> En l'homme de Dieu, nostre Sire,
> Devot peuple, veuillez ouyr
> Les parolles, et retenir
> Que je vous ay cy devant dictes,
> Qui sont en l'evangille escriptes.

. . . .

Le Pauvre écoute attentivement, mais le Monde, Jeunesse et l'Avare méprisent ces conseils. Enfin Jeunesse monte à cheval et s'élance dans la carrière. La Mort se présente sur son passage, l'attaque, et malgré ses prières, perce Jeunesse de son dard. La Mort va ensuite frapper l'Avare qui, à ses derniers moments, voit sont domestique qui le vole.

Le Monde a peur en voyant tomber toutes ses connaissances, et implore Charité qui lui donne des consolations.

Le Riche vertueux, avant de mourir, se confesse au Religieux qui l'absout de ses fautes :

Misereatur tui optimus Deus, et dimittat tibi omnia peccata

tua et perducat te ad vitam eternam. Amen. Oremus. Indulgentiam, absolutionem et remissionem peccatorum tuorum tribuat tibi Pater omnipotens et misericors Dominus.

In nomine Patris et Filii et Spiritus Sancti. Amen.

LE FOL.

Or allon trestons, s'il vous plaist ,
Remercier le Roy des cieulx ,
En luy priant qu'il nous doint paix,
Chantant Te Deum laudamus.

Cy fine la bonne Charité. Imprimé nouvellement en la maison de feu Barnabe Chaussard, près nostre Dame de Confort.

TABLE DES MATIÈRES.